William Walker ATKINSON

La Force-pensée

Son action et son rôle dans la vie

NOUVELLE ÉDITION

Henri DURVILLE, imprimeur-éditeur
23, Rue Saint Merri, 23
PARIS (IV°)

La Force-pensée

PREFACE

Nous livrons aujourd'hui au public ce petit livre que nous avons écrit en hâte sur des souvenirs ou des notes anciennes et dont chaque chapitre est comme le résultat d'une des nombreuses conférences que nous avons eu l'occasion de faire. Ce petit livre n'a qu'un but, comme d'ailleurs les conférences qui l'ont précédé n'en avaient eu qu'un seul: faire connaître à chacun les forces secrètes qu'il possède et les énergies mystérieuses qui le travaillent et qu'on peut résumer sous ce double titre: Magnétisme personnel ou subjectif et Influence psychique. A ce but de vulgarisation, nous avons tout subordonné: et les ornements du style et les agréments de l'exposition.

Nous avons pensé que la sincérité, la simplicité nous tiendraient lieu de toutes les qualités qu'on exige d'ordinaire de l'écrivain et qu'on nous pardonnerait de n'avoir pas fait de la « littérature ». Quand un mot familier nous a semblé expressif, nous nous le sommes approprié; quand une expression triviale nous a paru bonne et heureusement caractéristique, nous y avons eu recours. Que les professionnels du style et les délicats nous le pardonnent!

Bien des défauts, certes, sont dans notre livre et nul plus que nous les apercevons et nous les déplorons. Mais nous le croyons utile en dépit de tout, et ceci nous console.

Nous nous disons que dans cette mêlée sombre et confuse qui s'appelle la vie et qui met l'homme aux prises avec toutes les forces mauvaises, il jettera quelques lueurs et quelque clarté et que par lui des esprits, perdus jusque-là dans la nuit de l'ignorance, monteront à la Lumière et à la Vérité.

Nous nous disons encore que ce petit livre sera un manuel d'énergie, qu'il enseignera la volonté, qu'il éduquera le caractère et qu'aux hommes de résignation découragée et de scepticisme triste, il apprendra la fierté, le courage et l'espoir.

Voilà pourquoi nous le dédions modestement mais avec confiance à tous les gens de bien.

———

La plupart de ceux qui ont été séduits par ce sujet et qui l'on abordé lui ont donné tous leurs soins. Tous ont établi que le Magnétisme personnel ou, si l'on veut, le Magnétisme subjectif existe et tous nous ont donné de ce fait une démonstration propre qu'ils ont naturellement jugée supérieure à toute autre.

Les uns ont attribué la puissance magnétique au régime végétarien bien que quelques-uns des opérateurs les plus célèbres n'aient jamais eu recours à ce régime et aient « abusé de leur estomac » au delà de toute mesure. Les autres ont attribué la puissance à la chasteté bien que la continence ne soit pas une vertu universellement pratiquée dans « le monde du Magnétisme ».

D'autres enfin ont voulu attribuer à l'air ambiant seul la puissance magnétique et ont fait de la respiration la fonction non seulement essentielle mais unique de l'opérateur.

Toutes ces théories sont excellentes et nous n'y contredirons point. Nous leur contesterons seulement ce caractère d'infaillibilité propre et de vérité absolue que revendiquent pour elles leurs auteurs. La vérité n'est point si facile. Elle est diverse, elle est multiple, elle est complexe et les combinaisons seules la peuvent produire. Nous ne nous réclamerons donc d'aucune de ces théories en particulier, mais de toutes en général. Sans être végétarien par principe, nous croyons à la supériorité de ce régime sur les autres,

Sans être ascète, nous reconnaissons volontiers que l'ascétisme a du bon; enfin sans vouloir prendre pour notre compte, dans son sens absolu, la théorie de la magnétisation de l'air, nous reconnaissons qu'elle est vraie d'une vérité générale et que la plupart des maladies pourraient être évitées ou guéries si la respiration était mieux comprise et mieux assurée.

Mais il n'en reste pas moins vrai que le Magnétisme personnel ou le Magnétisme subjectif est quelque chose de différent ou de plus que le végétarisme, la continence ou la magnétisation de l'air et que son caractère essentiel, comme son nom l'indique, tient plus à l'individu lui-même qu'à ce qui lui est étranger ou tout au moins extérieur.

Les écrivains qui se sont prévalus des théories précédentes et qui les ont propagées, à grand renfort d'éloquence, ont négligé un fait capital: l'individu. Ils ont raisonné comme si le Magnétisme était une pure science et comme si on le pouvait acquérir par l'étude de certains principes ou par l'application de certaines formules. Or le Magnétisme n'est point une science mais un attribut d'humanité. Il ne s'acquiert pas, il se développe; il n'est point en dehors de l'individu mais en dedans. Il est un élément, un facteur de la vie; et de la vie, il a le principe, la force et aussi le mystère.

On ne prouve donc pas le Magnétisme, comme les mathématiques ou la philosophie, par une série de déductions ou par une superposition de théories; on le prouve par des faits, c'est-à-dire par des effets constatés, par des résultats obtenus, par toutes ces manifestations qui sont celles de la force en travail et de la vie en action.

Voilà pourquoi dans nos conférences nous nous sommes toujours placé à un point de vue expérimental et pourquoi dans ce traité nous nous y tiendrons.

Nous ne dirons point: « Le Magnétisme découle de telle ou telle formule ». Nous dirons: « Le Magnétisme existe et son existence est aussi certaine que le sang qui coule dans nos veines, que l'électricité qui

circule dans l'air, que les Rayons X qui pénètrent le
corps humain. »

Or, de même qu'on ne démontre pas la circulation
du sang, qu'on ne prouve pas l'électricité, on ne prouve pas le Magnétisme. On le voit, on le suit, on le
montre, voilà tout. On dit de lui ce qu'on pourrait dire
du soleil : « Le soleil existe parce qu'il y a des herbes
qui poussent, des fleurs qui éclosent, des épis qui
mûrissent, des oiseaux qui chantent ». On le prouve
par les bienfaits qu'il répand, par la joie qu'il crée,
par la force qu'il enfante, par toute l'œuvre de vie
qu'il préserve ou qu'il rachète.

Que si d'ailleurs nous risquons quelque théorie
pour remonter de l'effet à la cause, pour saisir et pour
dégager le principe du phénomène, ce sera sans
amour-propre d'auteur ni sans docte prétention. Nos
lecteurs seront toujours libres de rejeter cette théorie ou de lui en préférer une autre, ou d'y substituer
la leur propre, ou même de ne pas s'en occuper du
tout. Les théories n'ont ici qu'une valeur spéculative ;
elles sont sans intérêt pratique. Elles ne conduisent
pas à l'effet ; elles ne l'éclairent pas ; elles n'en accen-
tuent pas le relief ; elles n'en élargissent pas la portée.
Elles sont pur jeu d'esprit, pur effort d'imagination,
pure satisfaction personnelle. On peut les dédaigner
sans manquer à son deovir, sans faire preuve de vul-
garité d'esprit, sans témoigner d'une coupable indifférence.

Ce qui importe, c'est l'effet lui-même, le moyen de
l'obtenir, la manière d'en tirer parti, l'adaptation
qu'il faut en faire à tel ou tel cas pathologique.

Tel est le terrain sur lequel nous nous placerons
et où nous appellerons toutes les intelligences libres
et tous les esprits curieux. Avec eux, nous combat-
trons la sottise et la superstition et nous irons droit,
tout droit à la vraie science et au véritable devoir.

Pour la plupart, le Magnétisme personnel veut dire dégagement nerveux, dégagement vital de la « personne magnétique » attirant en son centre, c'est-à-dire vers l'individu, tous ceux qui sont situés dans le rayonnement du fluide. Pour être fausse, dans son sens général, cette conception n'en contient pas moins une part de vérité. Il est très vrai que ce rayonnement magnétique a une puissance d'attraction et qu'en cela il peut être comparé à l'électricité et à l'aimant. Mais la comparaison ne peut pas aller plus loin; elle ne peut pas s'étendre des effets aux causes. Le Magnétisme personnel reste dans son principe, dans son essence, entièrement différent de l'électricité et de l'aimantation. Il est — si l'on veut une définition — ce courant particulier et subtil qui résulte des vibrations de la pensée et à qui nous pouvons donner une direction déterminée. Ce courant varie naturellement avec chaque individu; il dépend de l'impulsion initiale, de l'impulsion créatrice. Ce courant se propage comme un rayon de lumière; il va droit à la personne à qui nous le destinons quelle que soit la distance à laquelle elle se trouve de nous. S'il est faible ou isolé, il n'aura qu'une force de pénétration insignifiante; s'il est intense au contraire ou répété, il agira, même sur l'esprit lointain ou rebelle, avec la plus grande énergie. En cela il se conformera à la loi du monde physique. On le pourra tantôt comparer à un torrent impétueux qui brise, par sa violence même, l'obstacle placé sur son cours; tantôt à une goutte d'eau qui, par sa persistance à tomber toujours à la même place, troue la pierre et finit par la dissoudre.

Tous nous sommes influencés plus que nous ne le pensons par la pensée des autres (nous disons *pensée* et non point *l'opinion* pour ne pas commettre une erreur commune).

Les pensées sont, selon l'expression d'un spécialiste connu, des «choses»(1). Elles se comportent comme telles, elles en ont l'action mécanique et la puissance moléculaire. S'il nous ne comprenons rien à ces choses, si nous demeurons étrangers aux lois qui les gouvernent, nous en sommes nécessairement les victimes; si nous les comprenons, au contraire, si nous saisissons les lois qui les régissent, nous pouvons facilement en faire des auxiliaires et les subordonner au but que nous poursuivons.

Chaque pensée qui est nôtre, faible ou forte, bonne ou mauvaise, saine ou malsaine, détermine autour de nous des vibrations qui la propagent et par lesquelles elle arrive et se transmet avec plus ou moins de force à ceux qui sont près de nous ou qui, tout au moins, se trouvent dans le champ des vibrations. Ces vibrations ressemblent aux rides que produit une pierre en tombant dans un étang. Elles vont sans cesse en s'élargissant jusqu'à ce que leur relief s'émousse s'efface et se perde dans l'uniformité des choses. Mais si l'impulsion première d'où elles dérivent les porte dans une certaine direction, elles y vont naturellement et se concentrent sur le point qui leur est assigné comme but.

---

(1) L'auteur fait allusion ici à Prentice Mulford. Ce psychiste américain nous montre que les pensées sont des choses, des choses chargées de puissance. Nous pouvons agir mentalement autour de nous et les pensées des autres réagissent sur nous-même. En vertu d'une loi d'affinité, d'équilibre, nous pouvons attirer constamment des courante vivifiants qui nous apportent santé, joie, sérénité, succès. Se reporter pour développement aux deux livres de Prentice Mulford: *Les Lois du succès* et *Les Forces mentales*. Cet appel aux forces bienfaisantes est un des enseignements initiatiques. Voir à ce sujet les livres de M. Henri Durville, notamment: *Les Forces supérieures, Vers la sagesse, La Science secrète, Mystères initiatiques* (Henri Durville, Imprimeur-éditeur).

Nos pensées n'affectent pas seulement les autres, elles nous affectent nous-mêmes. Elles nous « travaillent » sans relâche. Elles nous font ce que nous sommes. La Bible a raison: « L'homme est l'œuvre de l'homme ». La tristesse, la gaîté, le courage, le désespoir, la sociabilité, la misanthropie sont autant « d'états d'âmes » qui nous caractérisent, qui marquent notre personnalité et qui sont le produit de nos pensées. Que ces pensées prennent telle ou telle direction, qu'elles soient de telle ou telle nature, et nous sommes ou heureux ou malheureux. Le bonheur n'est donc pas une faveur du Ciel, ni le malheur n'en est un châtiment, mais simplement le signe d'une individualité supérieure ou d'une individualité inférieure.

De même notre physique, nos manières, notre personnalité « externe » résultent en grande partie de nos pensées. Le sourire, le charme, la séduction aussi bien que la morosité, la laideur en sont comme l'expression géométrique. La pensée est une sorte de burin qui se meut de soi-même, et qui écrit sur notre visage, pour les révéler à tous, nos pensées et nos penchants, qui ne sont que le prolongement ou — si l'on veut — la persistance de nos pensées.

Voulez-vous être énergique? Que votre pensée soit « énergie ». Voulez-vous être courageux? Que votre pensée soit « courage ». Voulez-vous plaire? Voulez-vous « avoir le charme? » Que vos pensées soient bienveillantes et douces. Et ces pensées, créez-les vous-même. Tirez-les de votre « vouloir ». Dites avec force: « Je veux être ceci, je veux être cela ». Ne croyez pas à ceux qui vont répétant sans cesse: «Nous sommes ce qu'on nous a faits, nous sommes les fils de la Nature. Nous ne pouvons rien pour notre destin. » Ceux-là se trompent ou vous trompent. La Nature ne nous domine point; elle nous est soumise. Elle fait ce que nous voulons qu'elle fasse. Elle est la servante de notre volonté, c'est-à-dire de nos pensées en action.

Ne dites donc pas, ne dites donc plus « Je ne puis.»

Vous pouvez tout ce que vous voulez. Il suffit de le vouloir bien. Il suffit d'être un homme, d'en avoir l'énergie, d'en avoir la fierté, d'en avoir le courage et de savoir secouer le joug des influences mauvaises et des forces aveugles.

Mais, nous direz-vous: « Si la volonté est ce que vous dites tout nous est possible. »

— Non, tout ne vous est pas possible, parce que vous êtes homme et que vos moyens sont bornés. Mais il ne tient qu'à vous de remplir tout votre rôle d'humanité, d'épuiser toutes vos possibilités d'action, de joie et de conquête. Que voulez-vous de plus?

— Rien, si nous pouvons avoir tout cela, mais le pouvons-nous?

— Absolument. Il suffit de le vouloir. Vous en avez le moyen et la force. Usez-en, jouissez-en.

— Comment?

— Ce livre vous l'apprendra.

— Nous verrons.

— Oui, vous verrez.

— Ne nous faites pas trop languir.

— Nous ne vous ferons point languir pour cette bonne raison que nous irons droit au fait. Nous ne vous apprendrons pas à monter dans la lune, ni à décomposer la pierre philosophale; mais nous vous enseignerons le « vouloir », l'énergie, le courage; nous ferons de vous des hommes, nous vous armerons pour la vie, nous vous équiperons pour la bataille, nous vous conduirons tout droit au succès.

Ne vous semble-t-il pas déjà que votre énergie se réveille, que vos forces s'exaltent, que votre cœur bat plus vite et plus fort? C'est votre pensée qui évolue vers l'action et qui vous y pousse. Bien souvent au cours de nos conférences, de nos leçons nous avons constaté le même phénomène chez nos étudiants. Nous leur parlions énergie, résistance, lutte et soudain leur attitude se transformait. Leur physionomie prenait une mâle expression, leur regard s'animait, tout leur être se ramassait comme pour un élan de bataille; l'étincelle magnétique avait jailli en eux et leur volonté, toute secouée de son choc, s'était tendue d'elle-même pour le combat.

Mais n'insistons pas sur un phénomène dont chacun sera juge; ne cherchons pas à expliquer l'inexpliquable; revenons au connu; rentrons dans la réalité et demeurons-y.

Qu'y voyons-nous? Nous y voyons des pensées qui se développent, qui se meuvent, qui agissent, qui influent les unes sur les autres comme des éléments et des forces magnétiques et qui obéissent à des lois.

Ces lois sont l'inverse de celles du monde physique mais elles en ont la rigueur et l'universalité. Elles s'appliquent aux milieux aussi bien qu'aux individus: Partout le bien attire le bien, le mal le mal, le courage le courage, la faiblesse l'abattement; et l'homme pris ainsi entre ses propres forces, qui ne sont que l'action de ses pensées, et les forces des autres, qui ne sont que le mouvement qu'il détermine lui-même chez les leurs, passe alternativement de la joie à la souffrance, de la victoire à la défaite, de l'espérance à l'abattement.

Est-il énergique, aime-t-il l'effort, veut-il être réellement un homme? Son énergie s'accroît invariablement de toute l'énergie ambiante qu'elle attire et il se fait une vie joyeuse et pleine.

Est-il faible au contraire, fuit-il l'action, recherche-t-il la solitude et l'immobilité? Tous les germes morbides qui sont dans l'atmosphère l'enveloppent et le pénètrent; et la lassitude, l'ennui, l'impuissance, le doute, l'envie, l'humiliation, la haine le dominent et l'accablent tour à tour; sa vie n'est plus qu'un long supplice qu'il ne tarde pas à prendre en haine et dont il se libère souvent par le suicide.

Soyez donc énergique, aimez l'action. Car aimer l'action c'est aimer la vie; et aimer la vie, c'est tout à la fois comprendre et remplir son destin.

Nous abordons ce chapitre avec cette pensée que vous, lecteur, vous désirez développer en vous les forces qui y résident. Déjà vous avez appris que le facteur essentiel de votre succès dans la vie dépend de vous seul et qu'il consiste dans l'action et dans l'influence que vous pouvez exercer sur vos semblables. Les exemples abondent de ce fait social, de ce phénomène humain. Chaque jour il nous est possible de voir autour de nous des hommes qui n'ont réussi, qui ne sont « arrivés », selon une expression familière, que par leur prestige et qu'on appelle avec juste raison, pour ce motif, des hommes « forts ». Il n'y a que bien peu d'exceptions à cette règle et ces exceptions ne font que confirmer la règle. Elles nous sont fournies par certains hommes de science et d'art qui sont arrivés à la fortune par leurs travaux et leurs découvertes. Leur petit nombre montre assez que ce moyen de fortune est exceptionnel et qu'un homme, pour s'enrichir, ne peut guère faire fonds sur son intelligence pure. De plus l'expérience atteste que ces lettrés, ces érudits, ces savants ne doivent leur fortune qu'à la collaboration d'hommes pratiques qui se sont chargés du côté positif de leurs travaux. En général leur labeur ne leur profite jamais; il ne profite qu'aux autres, il n'enrichit que les autres; eux n'ont que la gloire, d'ailleurs très incertaine, de la découverte et les joies, plus sûres parce que plus intimes, de l'effort.

Ce point admis (et qui oserait le contester?) nous en tirerons cette double conclusion: c'est d'abord que l'argent, qui est considéré à peu près universellement comme la preuve du succès, ne va pas aux « spéculatifs » ni aux « intellectuels » purs; c'est qu'ensuite — et ceci est encore attesté par l'expérience — il ne va qu'à ceux qui savent se subordonner les autres par une sorte d'action directe qui, sous sa forme indéterminée, n'est autre que le « Magnétisme personnel ».

Les inventeurs, les étudiants, les écrivains et les hommes de science nuiraient donc considérablement à leurs intérêts s'ils négligeaient ce moyen presque infaillible d'action et de succès personnel. Mais en général, ils ne le possèderont pas pleinement; le Magnétisme personnel n'atteindra tout son développement et ne donnera toute sa mesure que chez quelques privilégiés connus en général sous le nom de « Professionnels. »

L'argent, envisagé comme but, est un pauvre idéal; mais considéré comme moyen, il est excellent; c'est lui qui nous permet tout à la fois d'aider nos semblables et de nous aider nous-mêmes, de faire ainsi le bien en même temps que notre propre fortune. Souvent nous ne sommes arrêtés dans notre carrière que par les obstacles que les autres hommes, constitués en hiérarchie, multiplient sous nos pas. L'argent les déplace ou les détruit et nous pouvons reprendre notre élan vers les hauts sommets, vers les lointains horizons. Ne dédaignons donc pas l'argent, par une fausse conception ou par une fausse pratique de la vertu; ne le dédaignons pas puisqu'il est créateur d'émotions et de joies et qu'il nous permet de servir l'idéal en même temps que notre propre fortune.

Le Magnétisme personnel nous y aidera considérablement. Il élargira nos moyens d'action, il multipliera nos prises sur la vie. Par lui nous entrerons en contact avec les énergies qui nous entourent, avec les sympathies qui flottent, indécises et incertaines, autour de nous. Nous nous les subordonnerons, nous

nous les attacherons, nous nous les incorporerons. Elles viendront accroître d'autant notre individualité; et nos forces personnelles, ainsi élargies et intensifiées, agiront avec plus d'efficacité dans le champ qui leur aura été assigné. Le monde ne sera plus alors, selon l'expression d'un spécialiste humoriste et plaisant, « qu'une pauvre petite huître dont on ne fera qu'une bouchée. »

Mais comment acquérir cette force si prodigieuse? — Le moyen en est simple et nous allons le faire connaître. Qu'on nous permette toutefois apparavant de résumer les quelques considérations théoriques que comporte le sujet:

La pensée joue dans la vie humaine un rôle décisif. Elle agit tout autour de l'individu. Elle est le fil qui le relie à ses semblables et sur lequel se ramassent, pour s'y mêler et s'y fondre en un seul courant, toutes les énergies ambiantes.

Elle a les effets les plus divers:

1°. Elle donne à l'homme la séduction, le charme. Elle éveille la sympathie des autres, elle excite leur intérêt, elle provoque leur concours. Elle fait de l'homme un centre d'attraction autour duquel viennent se grouper et se superposer toutes les forces d'alentour.

Elle est universellement répandue mais chez quelques-uns elle est particulièrement agissante; chez tous, hommes ou femmes, vieux ou jeunes, elle peut le devenir; il suffit de le vouloir.

2°. Chaque cerveau est une sorte de réservoir d'où s'épanchent sans cesse des flots de pensées. L'être magnétique, l'homme « fort » les attire nécessairement à soi et son énergie personnelle s'en trouve d'autant accrue. Il se trouve donc tout naturellement de ce fait, dans un état de supériorité notable vis-à-vis des autres.

3°. Nous avons vu que les pensées sont des «choses» et que, comme telles, elles exercent une sorte d'influence mécanique et d'action moléculaire. Nous avons vu aussi qu'elles obéissent à des lois précises, qui sont le contraire de celles du monde physique, puisque ce sont les pensées de même nature qui s'attirent et que ce sont les pensées de nature contraire qui se repoussent. Il importe donc que les bonnes pensées prévalent sur les autres dans chaque individu puisque ses mauvaises pensées ne sauraient être neutralisées par les bonnes des autres.

4°. L'homme est par essence un être imparfait, aussi bien au point de vue moral qu'au point de vue mental et physique. Son cerveau est plein de lacunes et son esprit, qui n'est que la vie de son cerveau, manque le plus souvent des qualités essentielles à son succès. Il le sait mais il se résigne; il croit à son imperfectibilité; il s'imagine selon le proverbe anglais: « que le léopard ne peut pas changer de robe. » En cela il se trompe: l'homme est perfectible, il peut modifier son cerveau, il peut « changer sa robe »; il suffit qu'il le veuille. Nous lui donnerons cette leçon de volonté et d'énergie; mais il devra y apporter la contribution de sa propre volonté, l'appoint de son propre effort.

INFLUENCE PSYCHIQUE DIRECTE

Dans cette leçon et dans les suivantes, nous nous occuperons de la suggestion à un point de vue particulier; nous montrerons comment on peut, par la conversation, intéresser les autres, les gagner à ses idées, les associer à ses efforts, les influencer en un mot.

Cette suggestion particulière rentre nécessairement, par sa nature, dans la catégorie des phénomènes que nous avons déjà étudiés. Mais elle a de plus des caractères propres que nous devons dégager et que nous dégagerons dans les leçons qui vont suivre. Pour le moment, nous nous bornerons à quelques considérations d'ensemble, à quelques indications générales, d'ailleurs importantes, et que le lecteur fera bien, pour ce motif, de revoir après avoir lu l'ouvrage en entier.

Nous dirons: « Tout homme est susceptible d'exercer sur un autre une action magnétique, et cette action peut résulter:

1°. Soit d'un effet immédiat de la voix, des manières, de l'attitude et du regard — effet en général volontaire mais qui peut être inconscient et spontané chez ceux qui possèdent la puissance magnétique à un degré éminent.

2°. Soit des émanations de pensées qui vont d'une personne à une autre sous l'action d'un effort réfléchi et intelligent.

3°. Soit enfin des qualités adductrices de la pensée qui sont, comme nous le savons, toujours spontanées et toujours inconscientes et qui constituent l'un des traits les plus particuliers et les plus caractéristiques de cette puissance indéfinissable qu'on appelle le « Magnétisme personnel. »

Dans cette leçon, nous nous tiendrons à la première partie de notre énumération; nous ne parlerons que de la suggestion personnelle.

L'une des difficultés auxquelles nous nous heurtons tout de suite, c'est de concilier le peu de place qui nous est laissé avec l'étendue du sujet que nous avons à traiter. Nous la résoudrons toutefois, en grande partie, en nous en tenant aux définitions. Nous dirons: La suggestion est « une impression que nous recevons consciemment ou inconsciemment de l'un quelconque de nos sens ». En fait, nous recevons ou nous repoussons sans cesse des suggetions selon le degré de sensibilité ou d'insensibilité de nos sens. Ici nous devrions parler de la nature double de l'entendement et montrer ce que les Anglais et les Américains appellent « The Dual Mind »; mais ce côté du sujet exigerait de trop longs développements et nous devons y renoncer. Nous recommanderons donc à nos lecteurs les ouvrages spéciaux qui traitent de la matière. (1)

Pour donner tout de suite à nos lecteurs une idée précise de la suggestion, nous discernerons entre les deux fonctions de l'intelligence, entre la fonction *active* et la fonction *passive*.

Par la première — qui est naturellement de beaucoup la plus importante chez les hommes actifs, de volonté impérieuse et de prompte exécution — l'homme pense, médite, se détermine et agit.

---

(1) Ceux de nos lecteurs, qui après lecture du présent travail désireraient pénétrer plus avant la question, devront lire le *Cours de Magnétisme personnel* de M. Henri Durville (6e édition, 60e mille). C'est l'étude la plus complète, la plus précise qui ait paru à ce jour sur les questions de développement de la volonté, de maîtrise de soi, de magnétisme expérimental et curatif, d'hypnotisme, de télépsychie, de thérapeutique suggestive. Un magnifique volume in-8° de 1.120 pages, orné de 250 figures.

Par la seconde, au contraire, il subit des influences
extérieures; il y obéit passivement, instinctivement,
automatiquement. C'est ce qui a fait dire, selon une
image familière, que la fonction passive est toujours
la « servante » docile de l'homme. Elle est d'ailleurs
une servante aussi désintéressée que docile dont les
services discrets et le dévouement continu n'exigent
ni remerciements, ni louanges.

La fonction active d'autre part n'agit que par se-
cousses, par élans — quand la volonté l'ordonne —
et la force nerveuse qu'elle dépense est considérable.
Son action prolongée épuiserait donc inévitablement
l'homme. Voilà pourquoi les « professionnels » du
Magnétisme en défendent l'abus.

La fonction passive, au contraire, n'est jamais fa-
tiguée, et elle ne fatigue jamais. Pareille à ces bêtes
de somme dont le pas régulier et lent marque de sa
cadence les grandes routes poudreuses, elle va indéfi-
niment, par les grands chemins de l'entendement, en
quête d'impressions et de sensations toujours nouvelles, les rapportant fidèlement au siège du cerveau
et repartant aussitôt pour de nouveaux voyages et de
nouveaux devoirs, sans s'arrêter et se plaindre jamais.

Si sympathique qu'elle soit pourtant, elle ne laisse
pas d'avoir des inconvénients. Elle incline l'homme à
la passivité, elle le pousse peu à peu à la paresse. Elle
le transforme en ce que les Anglais appellent le « hu-
man sheep », l'« homme-mouton ». L'être qu'elle
domine n'est plus capable ni d'initiative ni de résistance. Il fait ce qu'on lui demande, il croit ce qu'on
lui dit, il pense ce qu'on lui suggère, il va où l'on
veut. Il supprime de son vocabulaire toutes les néga-
tions. Il répète sans cesse un « Yes » humble et lent
où il semble mettre, où il semble résumer toutes ses
énergies mourantes.

Pour parler par image, ces deux fonctions sont
comme deux frères jumeaux qui se sont associés en
vue d'une entreprise commerciale et dont la ressem-
blance physique est frappante.

Tous deux ont la même taille, la même figure, la même attitude, la même démarche, mais leur caractère diffère entièrement et il se trouve, par une heureuse coïncidence, que chacun a les qualités de son rôle. Le frère « passif » s'occupe plus spécialement du travail intérieur; il reçoit les ordres; il les exécute, il les livre; il veille à la bonne tenue des livres, à la propreté des magasins; il s'assure que le personnel est exact, consciencieux et diligent.

Le frère « actif », au contraire, se charge du travail extérieur; il visite la clientèle, il fréquente les marchés, il fait les achats et les ventes, il suit les cours, il en prévoit, il en escompte les fluctuations, il prend position contre les concurrents, il engage les grosses batailles d'où doit sortir, pour la maison, la fortune ou la ruine.

Le frère « passif » est un bon, un doux, un simple, un crédule compagnon. Il a confiance en son frère, et il lui abandonne l'entreprise. Son caractère l'inclinerait naturellement vers les vieilles méthodes mais son apathie naturelle l'empêche de les faire prévaloir. D'ailleurs, il n'y songe pas; il ne songe à rien; il vit sans souci dans la monotonie de son travail ponctuel, dans le bercement de sa vie immuable. Il ne propose rien, mais il ne refuse rien. Un refus, même discret, serait un commencement de résistance et il en est tout à fait incapable. Il a toujours peur d'ailleurs d'offenser les autres et il préfère les obliger ou leur être agréable en accédant à tous leurs désirs.

Le frère « actif », lui, est tout différent. Il est prudent, réservé, circonspect jusqu'à la défiance. Il n'accepte rien sans contrôle; il ne conclut rien sans débats. Homme d'affaire et tempérament combatif, il ne voit que son intérêt et il n'aime que la lutte. Il la porte sur tous les terrains, sur les plus grands aussi bien que sur les plus petits. Comme il connaît son frère, il le surveille, il le protège. Il ne veut pas que sa crédulité l'égare ni que sa faiblesse le perde. Il le défend contre toutes les embûches des astucieux, contre tous les pièges des trafiquants. C'est un gardien vigilant et même tyrannique; mais c'est un gardien fidèle et sûr.

Si quelque spéculateur ou quelque aventurier se présente pour voir son frère et insiste pour être reçu, il se méfie, il veut être renseigné. S'agit-il d'une affaire? Il la discutera. S'agit-il d'une combinaison? Il veut en être juge. S'agit-il, au contraire, d'une simple visite de curiosité ou de politesse? Il s'effacera. Il est avare de son temps, et il ne le donne qu'à bon escient. « Time is Money », se dit-il, et il en use en conséquence.

Mais tel qu'il est, l'homme actif n'est point dépourvu du sens de l'opportunité. Il sait, quand il le faut, transiger et fléchir. La vie, même pour un homme d'affaire, n'est pas toute droite. Elle a ses détours et même ses dédales. Elle se divise, elle se subdivise, elle se ramifie presque à l'infini. Il faut donc la suivre avec circonspection; c'est encore le meilleur moyen d'aller vite. Ceux qui se laissent emporter par leur tempérament ou qui s'élancent du haut de leur imagination à la poursuite de leur but ont inévitablement le sort de ces cavaliers imprudents qui ne connaissent d'autre allure que le galop. Tôt ou tard ils tombent à quelque descente ou à quelque détour de la route; et quand on les relève, ils ne sont plus propres à rien: leur tête est fêlée ou leurs genoux rompus.

Le frère « actif » le sait et il agit en conséquence. Il sait aussi que trop de labeur et une perpétuelle tension d'esprit ruinent la santé et qu'il faut à l'homme des « relâches » c'est-à-dire des distractions et des plaisirs. Il en prend donc à l'occasion et il les goûte tout comme un autre. Il les goûte même souvent davantage: saillies, jolis mots, traits heureux abondent dans sa conversation et ceux qui le connaissent ne le reconnaissent plus. Ils s'étonnent et parfois même se scandalisent qu'un homme si grave se laisse aller à tant de bonne humeur et à tant de jovialité. Ce sont des sots. S'ils l'étaient moins, ils ne s'étonneraient pas de rencontrer chez un homme de travail quelque disposition au plaisir et quelque goût pour la gaîté.

Il n'y a que les oisifs ou les méchants qui soient toujours tristes.

Il n'est pas nécessaire d'ailleurs pour être énergique d'être tout d'une pièce et de ne jamais se détendre. L'énergie n'est pas la rigidité et l'homme d'action n'est pas nécessairement l'homme-mécanique. Il peut varier et, en fait, il varie à l'infini. Tantôt hardi, tantôt prudent, tantôt amoureux du danger et du risque, tantôt épris du repos et de la quiétude, il constitue l'un des types les plus changeants et les plus divers de l'espèce humaine. L'un est inflexible comme de l'acier, l'autre souple comme du caoutchouc. Celui-là affecte la rudesse du travailleur manuel; celui-ci déploie toutes les subtilités et toutes les grâces de l'homme public. Ce n'est que par une longue observation qu'on les peut bien connaître. Chacun a son point faible, son côté vulnérable; il ne s'agit que de le découvrir et d'en profiter. Le siège d'un homme se fait comme le siège d'une place, à force de ruses et d'audaces combinées.

Pour avoir raison des deux frères, il importe avant tout, ou plutôt il suffit d'avoir raison du frère actif. Tromper sa vigilance est donc une nécessité. On pourra y arriver de plusieurs manières; si l'une ne réussit pas, on en essaiera une autre. La persévérance et l'audace, ici comme ailleurs, conduiront presque toujours au succès. Le vieux proverbe anglais « Faint heart never won fair lady », « Cœur faible ne conquit jamais une belle », n'est pas seulement vrai en amour, il est vrai en affaire. Il contient tout un enseignement, il renferme toute une philosophie; celle de la volonté et de l'énergie. Familièrement parlant, il veut dire que quelles que soient les difficultés d'une tâche, il ne faut point s'y rebuter, et qu'en affaire comme en amour il suffit de vouloir et d'oser.

La résistance, l'hostilité en amour sont, nous le savons, des stimulants. Plus une femme se dérobe, plus l'homme qui en est épris la presse. Il sait que le cœur féminin est une citadelle et qu'il faut savoir l'investir; si la porte en est jalousement gardée, il

l'attaque avec d'autant plus de vigueur. Il se considère comme un soldat sous le feu et le danger l'exalte.

De même en affaire, il faut savoir vouloir et savoir
agir. Un client vous rebute-t-il? Insistez. Dites tout
ce que vous vouliez lui dire d'abord et même un peu
plus. Ne négligez aucun des avantages de votre offre,
dérobez-en tous les inconvénients. Appelez en à son
intérêt, à son intelligence. Un homme, quel qu'il soit,
aime la flatterie. S'il la repousse ou la dédaigne au
début, c'est par feinte pure. Au fonds, il est charmé,
et il vous sait gré de l'avoir deviné, de l'avoir pénétré,
de l'avoir reconnu. Il voit dans votre louange, non
seulement un témoignage d'équité, mais une preuve
de bon goût; et sa résistance est déjà tombée quand
il croit encore vous tenir tête. Même s'il se défend, ce
n'est que pour un temps; vous l'avez convaincu à demi; il achèvera de se convaincre lui-même et quand
vous reviendrez pour finir de le persuader, vous n'aurez plus rien à dire, plus rien à faire. La bataille sera
gagnée et vous aurez à votre actif une victoire de plus.

Elle sera d'ailleurs double si vous avez su vous at-
taquer tout d'abord au « frère actif ». Le « frère passif » qui ne fait rien que l'autre n'ait fait avant lui,
suivra tout naturellement son exemple et vous aurez
deux adhésions au lieu d'une; votre profit sera donc
double et vous le conserverez sans difficulté. Les mêmes moyens qui vous auront permis le succès, vous
en assureront les avantages. Même si le frère actif se
reprend et vous échappe, le frère passif vous demeu-
rera fidèle. Vous l'avez conquis, vous n'aurez plus à
le reprendre. Il vous suivra obstinément, il vous croi-
ra aveuglément. C'est la loi de la nature: Plus un être
passif vous est soumis, plus il aime sa soumission. Il
ressemble à ces esclaves qui aiment leur chaîne et
qui ne veulent pas qu'on la leur brise.

« Love laughs at locksmiths » dit un vieil adage
anglais. On pourrait aussi bien l'appliquer à la confiance qu'à l'amour, car la confiance comme l'amour
a une foi et comme l'amour elle s'y attache. Ne cherchez pas à la briser, vous ne feriez que l'exalter. La

persécution est la pire des armes. Elle se retourne toujours contre ceux qui s'en servent.

Nous ne saurions donc trop dire, pour revenir à notre sujet: Faites la conquête d'abord du « frère actif » et ne vous préoccupez pas de l'autre; il suivra tout naturellement. Deux forces décisives vous y aideront: les vibrations de pensées qui émanent de votre cerveau et les qualités adductrices de la pensée.

Ces deux forces peuvent être grandement développées par les exercices que nous expliquerons plus loin et par certains conseils pratiques que nous vous demanderons de suivre.

Mais dès maintenant, vous devez savoir et vous devez retenir que le sujet que nous traitons n'est point au-dessus de vos forces et que votre intelligence peut le saisir sous tous ses aspects. Chacun de nous — qu'on nous passe cette comparaison — est un peu comme un enfant qui veut apprendre à nager. C'est la défiance, la peur seule, qui paralysent celui-ci. Dès qu'il est sans crainte, il nage. Regardez-le sur l'eau: il s'y tient sans effort; il y évolue avec grâce, il y avance à grandes brassées; c'est un cygne pour la légèreté et l'aisance. Interrogez-le; il vous dira qu'on nage comme on respire et qu'il suffit de se jeter à l'eau. Jetez-vous y vous-même en effet et vous serez tout surpris de pouvoir le suivre.

De même pour le Magnétisme. On ne l'acquiert pas, on le possède; il suffit de l'exercer. Ce n'est pas un art, c'est une faculté. On « magnétise » comme on marche, comme on dort, comme on boit, comme on respire, par le libre jeu des organes et par la seule manifestation de la volonté.

Prenez donc conscience de vous-même, lecteur qui vous ignorez, et ne vous obstinez plus à refouler en vous la vie qui en veut jaillir. Relevez-vous, redressez-vous. Créé pour l'effort, pour l'action, pour la lutte, pour le devoir, vous n'avez pas le droit de vous enfermer dans un sentiment d'égoïste et lâche impuissance. Sortez de vous-même, répandez-vous, don-

nez-vous, prodiguez-vous. C'est dans ce don continu
de vous-même que vous trouverez la paix du cœur et
les joies de la conscience.

———

———

Dans les leçons précédentes nous avons comparé les deux fonctions de l'esprit à deux frères-jumeaux qui se sont associés; nous continuerons la comparaison pour la clarté des explications qui vont suivre:

L'associé « actif » est, nous l'avons vu, un compagnon étrange, d'une psychologie complexe et diverse qui n'est point facile à saisir. Il est tour à tour influencé, quoique dans une mesure inégale, par la conversation, l'extérieur, les manières, la voix, le regard, etc.

La conversation joue un rôle prépondérant dans le phénomène de la suggestion; elle est un moyen puissant entre les mains de l'opérateur; mais encore faut-il qu'elle soit bien comprise, bien maniée.(1) La première condition qu'elle doit remplir est une condition d'adaptation. L'opérateur doit savoir l'approprier au caractère, aux goûts et aux connaissances du patient. Elle deviendra alors pour lui un moyen admirable d'insinuation. Elle lui permettra d'avoir raison des défiances, des antipathies, des résistances inévitables auxquelles il se heurte. Le malade, rassuré et conquis,

———

(1) M. Henri Durville a montré que les facteurs psychiques de guérison sont de trois ordres: *magnétisme, pensée, émotion*. Ces facteurs peuvent être ou non associés dans le traitement des maladies. En principe, toute maladie est justiciable de ces agents de guérison. Le rôle de la suggestion peut être capital dans les faiblesses de volonté, les impulsions, les manies. Suggestion *en rafale*, suggestion *imposée*, suggestion *raisonnée*, suggestion *indirecte*, suggestion *émotionnelle* sont autant de formes qui seront employées selon le cas. Pour détail, voir l'œuvre de M. Henri Durville, notamment: *Cours de Magnétisme personnel, La vraie médecine, La médecine psycho-naturiste* (son application et ses succès dans la cure des maladies organiques, des troubles mentaux et sentimentaux), etc... (Henri Durville, imprimeur-éditeur).

s'ouvrira à lui sans arrière-pensée et son abandon fera plus pour sa guérison que les innombrables médecines dont l'accablent généralement les hommes de l'art.

Mais cette conversation doit être conduite avec soin, avec discernement, avec intelligence. Il faut que l'opérateur s'y efface, s'y oublie progressivement et que le malade s'y abandonne et l'occupe de plus en plus. L'opérateur n'a plus dès lors qu'à écouter et qu'à encourager de son attention et de son intérêt les confidences qu'on lui fait.

On apprend à écouter comme on apprend à parler, par des efforts successifs, par une étude méthodique. Le silence comme la parole a sa science. Il faut, de toute nécessité, que l'opérateur la possède; ce n'est qu'à ce prix qu'il fera vraiment la conquête de son malade. Connaissez-vous l'anecdote sur Carlyle? Le grand et redoutable écrivain reçoit un jour la visite d'une personne qui désirait le connaître, mais qui en redoutait l'abord. Le visiteur se présente très ému; il est reçu froidement et son émotion s'en aggrave d'autant. Mais il ne se déconcerte pas. Connaissant un des sujets de prédilection du grand écrivain, il l'aborde; il y entre discrètement, il y fait surtout entrer son interlocuteur, puis il s'efface. Carlyle, poussé ainsi au premier plan et sur un terrain qui lui était familier et agréable, ne tarde pas à y déployer toutes ses ressources. Il parle, il s'échauffe, il s'exalte. Le visiteur écoute, le temps passe et, quand après trois heures de silence il se décide à se retirer, l'illustre écrivain l'accompagne jusqu'à la porte, lui prodigue les marques les plus chaleureuses d'intérêt et de sympathie et sur un cordial « Good-bye » le quitte en lui disant: « Quelle charmante conversation nous avons eue et comme votre visite m'a été agréable! Ne manquez point de la renouveler souvent ».

Faites comme le visiteur de Carlyle, soyez habile; choisissez bien votre sujet; abordez-le avec décision et netteté, mais laissez à votre interlocuteur le soin de le développer. Laissez lui croire qu'il est intéressant, qu'il est profond, qu'il est persuasif et que sa science, sa sagesse, son art de convaincre et de plaire sont inimitables.

Mais que votre abandon ne soit qu'apparent, que votre raison veille, que nul sophisme ne l'abuse! Laissez le frère « actif » se fatiguer, s'étourdir lui-même de ses propres paroles et, débarrassé de sa vigilance, allez droit au frère « passif » qui se livrera à vous du moment qu'il ne sera plus surveillé.

Ne négligez pas non plus votre extérieur; évitez la recherche mais évitez plus encore le laisser-aller. Que vos vêtements soient décents et soignés sans extravagance. Un luxe criard choque tout autant qu'une négligence sordide scandalise; il faut savoir se tenir entre les deux extrêmes. Ne portez jamais par exemple de chapeaux crasseux ou de souliers éculés. Il n'y a rien qui attire plus l'attention et qui choque davantage le bon goût que la coiffure et les chaussures quand elles sont négligées. Une personne qui se coiffe et qui se chausse décemment est presque toujours convenable même si le vêtement qu'elle porte est quelque peu usé ou fané; elle n'est jamais décente, au contraire, même avec des vêtements de prix si elle exhibe un feutre déformé ou si elle traîne des souliers misérables.

Soignez aussi votre linge; soignez-le d'une façon toute particulière. Que votre chemise, que votre col, que vos manchettes, que votre cravate soient toujours d'une blancheur immaculée. Rien n'est plus pitoyable et ne donne plus l'impression de la misère et de la déchéance qu'un faux-col qui s'effiloche ou qu'une cravate qui tombe en loques. Aimez les parfums, usez-en; ne craignez pas de scandaliser les hommes qui s'en interdisent l'usage pour eux-mêmes et qui le réprouvent ou le raillent chez les autres. Le parfum plaît au sens, il endort comme un narcotique les défiances et les irritations; mais n'en abusez pas. Un homme qui répand autour de soi trop d'odeur est toujours ridicule. Restez en ce point, comme en tous les autres, dans la juste mesure; évitez les railleries justifiées et les hostilités légitimes.

Quant à vos manières, attachez-vous à les rendre aussi agréables que possible; soyez aimable et gai; ayez de la douceur; n'affectez jamais ni pédantisme ni rudesse; gardez-vous surtout de tout emportement. La colère est un signe de faiblesse; elle énerve, elle épuise physiquement l'homme qui s'y abandonne en même temps qu'elle le déconsidère.

Soyez toujours également sans peur; la peur physique, comme la peur morale d'ailleurs, rabaissent l'homme; elle lui enlève tout ce qu'il a de fort, de viril, d'imposant; elle en fait une créature pitoyable et gémissante que les choses effraient et que les hommes accablent.

Ayez sans cesse le souci de votre dignité et ne faites rien, n'acceptez rien qui puisse la compromettre ou la rabaisser; mais n'attentez pas non plus à celle des autres. Respectez leurs opinions; ne les froissez jamais dans leurs sentiments, ni même dans leurs préjugés. C'est ainsi que vous gagnerez leur sympathie et leur confiance. Ayez toujours présent à la mémoire cette vieille maxime: « Faites aux autres ce que vous voudriez qu'on vous fît à vous-même » et agissez en conséquence. Soyez franc, sincère, ouvert. Le monde, le monde des honnêtes gens s'entend, aime la franchise. N'ayez jamais d'arrières-pensées, ne faites jamais de mensonge. La dissimulation ou le mensonge vous ruinerait. Vous perdriez votre autorité, vous ne pourriez plus agir. Votre pensée, votre vouloir, votre force vitale seraient comme refoulés en vous et immobilisés. Habituez-vous à une franche, loyale et chaude poignée de mains. Rien n'éloigne plus la sympathie ni n'écarte davantage la confiance qu'une poignée de mains molle, flasque, équivoque. La poignée de mains et le regard sont à un même degré des agents de transmission de la pensée. Qu'ils agissent de concert, qu'ils collaborent en harmonie! Votre action ainsi se trouvera décuplée.

Cultivez également votre voix, modulez-là; qu'elle ne soit ni aigre ni caverneuse. Les tons criards comme les tons sourds déplaisent également. Cherchez le médium et restez-y. Rien n'est plus agréable qu'une voix lente, modulée, mélodieuse. N'en rompez jamais l'harmonie, ne donnez jamais dans les notes extrêmes. Même si votre interlocuteur crie, ne cherchez point à le dominer. Vous garderez pour vous l'avantage; il ne tardera pas à se fatiguer lui-même ou à irriter les autres. Il ne pourra bientôt plus se faire entendre ou on ne voudra plus l'écouter. — Ces prescriptions sont excellentes de tout temps, mais elles deviennent absolument nécessaires dans les discussions un peu vives ou les controverses un peu chaude. En ce cas surveillez-vous; que votre voix ne sorte pas de son diapason ordinaire. Il n'est rien de meilleur pour calmer ou déconcerter les violents que cette tranquillité et que cette uniformité de la voix. Elle est toujours un signe de sang-froid et, souvent même, un signe de courage. L'adversaire, troublé malgré lui, se ralentit et s'apaise. Il se produit en lui comme une réaction nerveuse. La dépression suit la surexcitation et l'avantage vous reste. Il n'est donc pas exagéré de dire que la voix joue, dans les relations des hommes, un rôle décisif et qu'elle est un instrument de domination et de succès autant au moins qu'un agent de transmission. On ne saurait par conséquent lui donner trop de soins ni trop d'étude. Si le résultat ne répondait pas d'abord aux efforts, il ne faudrait pas se décourager. Le progrès est une chose lente qui ne se peut réaliser entièrement qu'avec le travail et le temps.

Mais si large que soit le rôle de la voix et si étendus qu'en soient les effets, ils ne sont pas comparables cependant à ceux du regard. Le regard est par excellence le grand facteur de la Magnétisation. C'est par lui surtout que se transmet la pensée et qu'agit la volonté. Il convient donc de l'étudier d'une façon particulière. Nous lui consacrerons la prochaine leçon, sans chercher d'ailleurs à l'épuiser, tant le sujet est vaste et tant il reste éternellement nouveau.

De tous les moyens dont dispose l'homme pour influencer les autres, le regard est certainement le plus puissant. Il ne sert pas seulement à retenir l'attention de la personne avec qui l'on converse et, par conséquent, à faciliter l'influence que l'on peut exercer sur elle; il est aussi une puissance propre qui peut, quand elle est bien comprise et bien dirigée, agir directement sur l'interlocuteur. Il attire, il fascine, il subjugue ceux-là même qui sont les plus capables de résistance et de lutte.

Le regard, quand il a atteint toute la force de pénétration et d'influence dont il est susceptible, est une arme redoutable. C'est lui surtout qui transporte, qui communique aux autres les vibrations de pensées et le fluide vital dont le cerveau est comme un réservoir; et cette transmission est presque toujours instantanée. Appliquée aux bêtes sauvages, aux bêtes féroces, cette force du regard est souveraine. Elle arrête, elle refoule, elle accable, elle anéantit la bête meurtrière. Elle n'a pas moins d'action, ni moins d'effet sur les hommes, mais elle doit être bien développée et bien dirigée. Voilà pourquoi nous nous proposons de lui consacrer ce chapitre. Nous indiquerons, notamment, comment on peut l'acquérir et comment on peut l'exercer. Le « Magnetic gaze », le regard magnétique, n'est point naturel aux hommes; il ne s'acquiert que par l'habitude et l'effort. Il est le développement progressif de la puissance d'influence et de suggestion que tout homme possède. Concentré sur la personne que l'on veut influencer, il exerce une action analogue à la fascination ou à l'attraction hypnotique. Il est comme le fil ténu et brillant sur lequel passent presque instantanément, de l'opérateur au patient, les vibrations de pensées et le fluide vital.

Les règles qui le gouvernent ne sont pas invariables; elles dépendent des circonstances, elles varient avec chaque personnalité. On ne peut donc donner, en ce qui les concerne, que des indications générales.

Chaque fois, par exemple, que l'on veut influencer quelqu'un, qu'on veut le pénétrer de sa pensée et de sa volonté, l'on doit se placer bien en face de lui et le regarder droit dans les yeux. Cela ne veut pas dire que l'on doive le fixer avec dûreté mais d'une manière énergique et pénétrante, comme pour voir dans son for intérieur, comme pour lire dans sa propre pensée. Si la conversation se poursuit, rien n'empêche l'opérateur de donner à son regard de la mobilité et du mouvement, mais il importe chaque fois qu'il veut exercer une action précise ou produire une impression forte qu'il ramène son regard à sa position première qu'il l'y maintienne. Cette précaution est d'une importance capitale; on risquerait de compromettre l'expérience toute entière si on ne l'observait pas rigoureusement.

Soit qu'on veuille parler affaire, soit qu'on veuille parler sentiments il faut toujours fixer l'interlocuteur. Ce n'est qu'à ce prix qu'on retiendra son attention et qu'on pourra l'influencer. Souvent il essaiera de se dérober au regard et d'échapper à l'étreinte magnétique. Il appartiendra alors à l'opérateur de le ramener au point et en l'état où il a besoin qu'il se trouve. Les petites habiletés — qu'on peut appeler les ruses de l'opération — ne lui seront point interdites d'ailleurs. Il pourra par exemple détacher son regard de l'interlocuteur et affecter de la distraction. Mais cette distraction ne devra être qu'apparente. Si l'interlocuteur, trompé par cette manœuvre, ramène sur lui son regard, l'opérateur devra vivement le saisir et le retenir. Il y réussira avec un peu de volonté et d'énergie. Du moment qu'il aura concentré au fond de son œil toute l'intensité de vie dont il est capable il aura centuplé sa force. Ramassée en un seul point et concentrée sur un seul objet elle aura une puissance infinie. Elle brisera les obstacles, elle forcera les résistances, elle arrêtera les élans, elle refoulera les inimitiés; elle subjuguera l'être tout entier. L'interlocuteur, brisé et vaincu, abdiquera toute son individualité. Il ne sera plus qu'une chose inerte aux mains de l'opérateur.

Il pourra cependant arriver exceptionnellement que l'interlocuteur résiste. En ce cas l'expérimentateur devra user d'un autre stratagème. S'il est par exemple dans les affaires et si sa visite est intéressée il tirera de sa poche ou de son sac quelque objet intéressant: échantillon, gravure, etc. Il le placera sous les yeux de son interlocuteur, il en fera une rapide description ou une brève analyse; il en mettra en lumière les points les plus saillants, les traits les plus caractéristiques; l'effet sera presque toujours invariable: l'interlocuteur regardera l'objet, puis l'opérateur, pour revenir à l'objet et retourner à l'opérateur; et ainsi de suite, jusqu'à ce que son regard reste comme accroché et suspendu à celui de l'opérateur. C'est alors que celui-ci pourra agir, le pénétrer, l'envahir de toutes ses forces de volonté et d'énergie et l'amener à cet état d'esprit particulier qu'on nomme la passivité et qui se prête si admirablement au phénomène de la suggestion.

Que si votre interlocuteur s'aperçoit de l'influence que vous exercez sur lui et cherche à s'y soustraire en abrégeant votre entretien ou même en y coupant court, vous ne devez point y consentir.

Toujours vous devrez le ramener à l'objet de la discussion et l'y maintenir en employant tous les moyens de persuasion toutes les ressources de volonté et de séduction que vous possédez. Vous ne lui rendrez la liberté que quand vous aurez obtenu de lui tout ce que vous en pourrez tirer.

Mais si dans cette expérience vous jouez le rôle passif au lieu de jouer le rôle actif et si l'on cherche à vous influencer, vous devrez mettre autant d'énergie et de volonté à vous défendre contre cette influence que vous en auriez mis à la faire réussir si vous aviez joué le rôle contraire. Vous vous direz que vous êtes un homme, que vous en avez l'énergie, la force, la dignité, et qu'il ne dépend de personne de vous assujettir à sa volonté de vous subordonner à ses desseins. Vous ne dédaignerez point d'ailleurs la circonspection et la prudence. Si la personne que vous avez en face de vous est réellement douée d'une force magnétique exceptionnelle vous éviterez son regard qui ne manquerait pas de vous subjuguer et vous promènerez le vôtre sur tous les objets qui vous entourent. Par cette tranquillité affectée vous déconcerterez votre interlocuteur. Il s'irritera et, en s'irritant, il gaspillera une partie des énergies qu'il vous destinait.

S'il vous fait une proposition précise, affectez de la prendre en considération; pesez-en chaque terme; entrez-y en apparence. Vous croyant convaincu, il ne jugera pas à propos d'insister davantage et vous serez ainsi hors de tout danger. S'il parvient à surprendre votre regard et si vous sentez que sa volonté vous pénètre, gardez-vous bien de prendre une décision alors. Elle serait presque toujours contraire à vos intérêts; elle servirait les siens, elle vous lierait à lui. Répondez évasivement; dites que sa proposition vous touche trop gravement pour que vous puissiez lui donner une réponse immédiate et exigez quelque délai. S'il vous le refuse c'est qu'il est résolu à vous tromper, c'est qu'il veut abuser de votre faiblesse. Et dans ce cas n'hésitez point: regardez-le droit dans les yeux et répondez-lui par un « non » catégorique et tranchant. Le plus souvent cette opposition imprévue le déconcertera et il renoncera à ses desseins. S'il s'y obstine, c'est qu'il veut vous livrer bataille et dans ce cas faites appel à toute votre énergie; repoussez son attaque, demeurez maître du terrain.

Des deux interlocuteurs, c'est évidemment celui qui

parle le plus qui a l'avantage parce qu'en parlant, il
se stimule, il s'exalte, il avive le flot de ses énergies
intérieures. Tout son être se trouve comme sous l'empire d'une fièvre et ses dispositions combatives s'en
trouvent d'autant augmentées. Evitez donc, dans cette rencontre, le silence absolu; ne soyez jamais complètement passif; la passivité est le commencement
de l'abdication.

Si vous intervenez dans l'expérience, non pas pour
subir mais pour exercer l'influence, ne manquez jamais d'affermir votre voix, d'en élever le ton, de donner l'impression de l'assurance et de la force. La confiance qu'on affecte en soi attire la confiance des autres; les résistances ambiantes s'évanouissent d'autant
plus vite qu'elles se heurtent à plus d'énergie et à plus
de résolution. L'audace est la grande vertu du succès;
montrez-en; vous n'aurez jamais lieu de le regretter.
La plupart des défaites qu'essuient les expérimenta-
teurs du magnétisme sont dues à l'incertitude de leur
caractère ou à la mollesse de leur tempérament. Les
énergies créatrices sont les énergies agissantes.

LE REGARD MAGNÉTIQUE

Le regard magnétique est l'expression d'une volonté forte par des yeux dont les muscles et les nerfs ont été développés progressivement et qui sont arrivés à un degré de fixité et de force exceptionnel. Nous ne dirons rien quant à présent de la force mentale; elle fera l'objet d'une étude ultérieure. Nous ne parlerons pour le moment que de l'œil lui-même ou plutôt de l'éducation qu'il doit recevoir. A cet égard, nous indiquerons quelques exercices d'une importance capitale et sur lequels nous appelons dès maintenant toute l'attention de nos lecteurs. Ces exercices, s'ils sont suivis avec intelligence et avec régularité, développeront d'une façon considérable les ressources magnétiques que possède chacun de nous; en même temps ils apprendront la manière de résister aux influences magnétiques des autres. Rien n'est plus intéressant que cette étude; c'est par elle que ceux qui s'y livreront arriveront à dominer les autres et qu'ils auront conscience de cette domination. L'homme dont le regard a reçu une éducation complète et qui saura en profiter ne tardera pas à en constater les effets, a en recueillir les avantages. Il notera d'abord chez son interlocuteur une certaine inquiétude, une certaine nervosité; chacune de ses paroles produira comme une sorte d'effet physique; elle ira droit à son but, elle remplira tout son objet; l'interlocuteur, peu à peu subjugué, abdiquera toute résistance et deviendra comme la chose de l'expérimentateur.

On a donc raison de dire que le regard magnétique est la ressource la plus précieuse de l'homme et
que celui-ci ne doit rien négliger pour lui donner toute son extension. Voilà pourquoi nous indiquerons
toute une série d'exercices qui sont destinés à l'assurer.

EXERCICES

Exercice 1. — Prenez une feuille de papier blanc ordinaire d'environ six pouces carrés au centre de laquelle vous avez eu soin au préalable de dessiner un
petit cercle dont le diamètre est à peu près celui d'une
pièce d'un franc. Le cercle a été barbouillé d'encre
noire et son dessin se détache ainsi d'un relief de con-
traste. Epinglez la feuille de papier sur le mur à hauteur environ de vos yeux quand vous êtes assis. Placez votre chaise dans le milieu de la chambre et asseyez-vous bien en face du papier.

Fixez-en avec intensité le cercle noirci et soutenez
ce regard pendant près d'une minute; puis reposez-
vous et reprenez l'exercice; répétez-le cinq fois.

Votre chaise étant laissée à la même place déplacez le papier sur la droite de trois pieds environ. Asseyez-vous de nouveau et, tout en maintenant la tête
dans sa position initiale — jetez un regard oblique et
ferme sur la feuille de papier; faites en sorte que chacun de vos mouvements dure une minute et répétez
chaque mouvement quatre fois de suite.

Déplacez ensuite le papier sur la gauche de trois
pieds environ de sa position *initiale*, et fixez-en le
centre de la même manière que précédemment. Répétez ensuite l'expérience cinq fois de suite. Continuez ces exercices trois jours durant et faites varier
progressivement la durée de chacun de une à deux minutes. Le résultat sera aussi rapide que sûr: au bout
de quelques jours vous serez arrivé à une fixité de
regard surprenante. Quelques personnes sont arrivées,
par ces expériences progressives, à obtenir un regard

d'une fixité déconcertante, d'une durée de vingt à
trente minutes. Il n'est point nécessaire d'ailleurs
d'atteindre ce résultat pour avoir de l'ascendant magnétique. Un expérimentateur qui peut sans sourcil-
ler fixer son interlocuteur quinze minutes durant est
absolument sûr de le vaincre et de se l'assujettir. Il
s'assujettira tout aussi bien les animaux; même ceux
chez lesquels l'impressionnabilité est très faible seront dominés par ce regard. Ils abdiqueront toute
velléité de résistance. Ils s'abandonneront sans réserve. Ils feront tout ce que l'on voudra qu'ils fassent.
Leur soumission aura quelque chose de mécanique.

Cet exercice ne va pas évidemment sans fatigue et
sans ennui, mais quiconque se destine au Magnétisme doit le subir; il n'y a pas d'ascendant possible là
où il n'y a pas de regard magnétique.

Exercice 2. — Si important et si décisif que soit le
premier exercice il doit être complété; et les indications que nous nous proposons de donner ne sont pas
moins importantes que les précédentes. Qu'on veuille
bien nous suivre: Placez-vous en face de votre glace
et regardez votre image avec la persistance et la fixité
dont il a été question plus haut. Cet exercice aura
pour résultat de vous habituer au regard des autres.
En même temps il vous permettra de constater et, par
conséquent, de corriger les imperfections de votre
propre regard. Vous verrez par quoi pêche votre expression et vous la développerez dans le sens le plus
favorable à votre entreprise. Ne vous laissez point rebuter par cet exercice. Pratiquez-le jusqu'à lassitude,
jusqu'à satiété; le succès sera votre récompense.

Exercice 3. — Tenez-vous debout droit au mur, à
une distance de trois pieds environ. Placez votre feuille de papier en face de vous de manière à avoir la tache noire dans votre rayon visuel; fixez-la avec intensité tout en déplaçant la tête d'une façon circulaire.
Cet exercice a pour objet et pour résultat d'assouplir
et de fortifier les muscles et les nerfs de l'œil; gardez-

vous de tourner la tête toujours dans le même sens; l'évolution que vous lui faites subir aura d'autant plus d'effet qu'elle sera plus variée.

Exercice 4. — Appuyez-vous contre le mur et fixez le mur opposé; déplacez votre regard d'un point à un autre: de gauche à droite, de droite à gauche, de haut en bas, de bas en haut, d'une façon circulaire ou en zig-zag.

Vous devez interrompre cet exercice dès que vous éprouverez un commencement de fatigue. Pour clore cet exercice, le mieux sera de fixer un point et de vous y maintenir; cette fixité équivaudra pour vous à une sorte de repos et vous pourrez tout aussitôt reprendre l'exercice.

Exercice 5. — Après avoir ainsi acquis un regard ferme et pénétrant, vous ne manquerez jamais de l'éprouver sur un ami complaisant. Vous ferez asseoir celui-ci sur un fauteuil en face du vôtre et vous le fixerez comme il a été dit, maintenant ce regard sur lui aussi longtemps que possible. Vous ne tarderez pas à constater que votre regard opère; votre ami s'abandonnera à vous progressivement; la tentative de résistance qu'il aura faite n'aura eu d'autre résultat que de hâter sa soumission. S'il est particulièrement impressionnable, s'il est ce que l'on appelle « un sujet hypnotique », sa reddition sera plus rapide encore et plus complète; vous pourrez obtenir de lui tout ce que vous voudrez; il n'aura d'autre volonté que la vôtre, d'autres désirs que les vôtres.

Il vous sera facile aussi d'éprouver votre force magnétique sur un animal, sur un chien ou sur un chat par exemple. Il suffira seulement que vous parveniez à le faire coucher; l'animal, subjugué et anéanti, semblera vous demander grâce. Il baissera la tête; il détournera le regard et, s'il en a la force, il s'en ira.

Mais un regard ferme et pénétrant n'est pas un regard insolent. L'expérimentateur doit se garder de toute impudence. Le sujet sur lequel il opère serait fort bien capable de résistance s'il se croyait en face d'une provocation. L'homme est ainsi fait: l'insolence l'irrite et il se défend du moment qu'on le brave.

Il importe d'ailleurs que l'opérateur ménage son sujet, qu'il ait sa sympathie, qu'il la conserve et ceci implique des précautions de langage et comme une délicatesse générale de conduite. Un regard qui ressemblerait à un défi serait donc une maladresse; il compromettrait son succès, il ébranlerait son prestige, il ruinerait l'expérience.

En aucun cas, l'expérimentateur ne devra mettre dans le secret de ses expériences ceux qui l'entourent; la discrétion est ici plus qu'un devoir, elle est une nécessité. Ceux-là sont nombreux qui vivent dans l'ignorance et dans le préjugé; il faut éviter leur scepticisme et se mettre à l'abri de leurs railleries. L'homme qui a besoin de toute son énergie n'a point le droit de la gaspiller. Son devoir lui trace un chemin étroit et précis; qu'il s'y tienne, qu'il marche à son but, qu'il aille vers ses horizons. L'honneur de sa carrière et le respect de son idéal lui commandent la droite ligne.

Dans les leçons précédentes, nous avons expliqué comment une personne peut en influencer directement une autre par la suggestion. Nous expliquerons dans cette leçon comment l'expérimentateur peut recourir, pour son œuvre de suggestion, à deux autres forces. Ceci nous amène à parler de la force adductrice de la pensée sur la nature de laquelle nous nous expliquerons complètement ultérieurement et sur l'influence volitive que nous nous efforcerons de définir dans les explications qui vont suivre. Mais tout d'abord, signalons la différence qu'il y a entre ces deux dernières forces. La force adductrice de la pensée, de la vôtre par exemple, dès qu'elle est mise en mouvement, affecte les autres sans qu'un effort conscient de votre part soit nécessaire. Il suffit que vous pensiez fortement pour que vos pensées agissent d'elles-mêmes. Dans les manifestations au contraire de la force volique, la conscience et la volonté de l'opérateur sont également éveillées et également agissantes. Un but déterminé leur est assigné. Quand ce but est atteint, les vibrations cessent.

On a coutume de dire que la force volique est « l'effort conscient de la volonté pour produire certaines vibrations de pensée dirigées sur un point précis et en vue d'un objet déterminé ». Mais il ne nous paraît pas que cette définition soit assez claire. Nous la préciserons en la résumant dans ce simple mot: « Volation » qui vient du mot « Volos » c'est-à-dire, « volonté ». Ce

mot ne doit pas être confondu avec le terme philosophique « Volition » qui signifie le choix de la volonté
plus que son exercice. Du mot Volation, nous dédui-
rons l'expression « Force volique » qui répond exactement à l'idée que nous voulons exprimer.

La force volique est une des forces les plus puissantes qui soient à la disposition de l'homme; elle est en
même temps l'une des plus ignorées. Il n'est pas de
créature humaine qui ne la manifeste à de certaines
heures, mais le plus souvent elle n'en a pas conscience.
Ou du moins, si elle en aperçoit et si elle en saisit les
effets, elle n'en discerne pas les causes. Il est de la
plus grande importance que cette force, à raison de sa
nature et de sa toute-puissance, soit exactement con-
nue et le présent chapitre n'a pas d'autre objet que de
la révéler.

Pour simplifier notre tâche, nous procéderons par
voie de déduction; nous chercherons d'abord à comprendre la nature réelle de la volonté et pour comprendre la nature réelle de la volonté, nous nous demanderons ce qu'on entend par « homme réel ».

La plupart d'entre-nous sont conscients de leur
« moi », mais presque tous l'envisagent à un point de
vue purement physique, ou, si l'on veut, à un point de
vue purement physiologique. L'idée que nous en avons
et que nous en voudrions donner est toute différente.
Le « moi » pour nous a une signification bien supérieure. Il signifie non seulement l'esprit en tant que
contrôlant les organes, en tant que commandant au
corps, mais cette force transcendante et abstraite qui
caractérise véritablement la créature humaine et qui
lui donne toute sa valeur, toute sa force et toute sa
beauté. Pour nous expliquer d'une façon plus précise
et plus concrète, nous dirons qu'il y a dans l'homme
trois forces superposées: la force animale, la force intellectuelle et cette force à la fois mentale et morale
qui tire son origine de l'idéal et qui cherche à y remonter.

Tous, plus ou moins, nous avons conscience de ce
moi supérieur et nous sentons que c'est par lui surtout

que nous sommes au-dessus de la vie végétale et animale qui nous entoure et que nous dominons l'univers.
Mais, en même temps, cette idée est confuse et trouble,
et il arrive qu'en voulant la saisir davantage, nous la
laissons complètement échapper. Pour la retenir et
pour l'éclairer comme il convient nous donnerons à
chaque lecteur ce simple conseil: Qu'il se dépouille
pour un moment de sa personnalité physique; qu'il
s'isole complètement de la vie extérieure, qu'il se ré-
duise à une simple abstraction, et qu'il se dise: « Où
est et que représente mon individualité? » Il en saisi-
ra le plus souvent l'idée que nous en avons nous-même,
que nous ne pouvons définir — tant elle est abstraite
— et que nous voudrions donner — tant elle importe
à la conduite et au bonheur de l'homme. S'il arrive
que cette idée ne se dégage pas des premières expériences, d'autres essais devront être tentés jusqu'à son
complet rayonnement. Quand il sera arrivé à ce résultat, un sentiment de joie immense le pénétrera. Il aura
compris enfin le problème de ses origines et de sa fin.
Il aura saisi dans sa signification supérieure l'idée de
la vie et de sa propre destinée. Il aura pénétré l'au
delà. Il se sera élevé jusqu'aux horizons célestes. Il
aura compris l'éternité. Il saura désormais que si son
être physique est misérable, si son être intellectuel est
provisoire et borné, son être moral, du moins, est éter-
nel et infini. L'œuvre de la création lui apparaîtra dans
toute sa magnificence et, lui si petit, si borné, si fugi-
tif, se verra dans la chaîne des siècles et dans l'immense univers comme le trait impérissable et sublime
qui relie les générations du passé à celles de l'avenir.

Pour revenir au côté positif de notre sujet, nous dirons: Il y a dans l'homme un être supérieur et idéal
qui doit être développé et qui doit commander à tout
son organisme comme à toute sa vie. Son essence est
la volonté. Cette volonté est une force toute-puissante.
Elle est éclairée par la conscience. C'est cette double
pénétration de la volonté et de la conscience qui marque véritablement la nature humaine. Elle donne naissance à une sorte de fluide supérieur que l'on pourrait

comparer, non point dans sa nature propre, mais dans sa force d'extension et de pénétration à un courant électrique. L'homme devient ainsi le centre auquel aboutissent des fils psychiques. Sur ces fils se ramasse, se condense et circule la vie. Il importe donc que ces fils soient tels que la destinée humaine, qui y est suspendue tout entière, puisse s'y mouvoir aisément et y évoluer en toute sécurité. La métaphore courante, « destinée brisée », n'est point vaine. Elle signifie que l'homme peut s'écarter de sa voie, briser le réseau qui la dirige, interrompre son cours et, des hauteurs où l'a élevé l'œuvre de création, s'effondrer dans les abîmes sans fonds d'où l'on ne peut remonter à la lumière, à la joie, à la vie.

Pour matérialiser davantage encore notre comparaison, nous pouvons dire qu'il y a deux espèces, deux réseaux de fils: les uns purement passifs ne conduisant qu'une volonté inconsciente et irréfléchie; les autres, résolument actifs, conduisant au contraire une volonté consciente et délibérée. Il ne nous est point permis, dans le cadre restreint de cet ouvrage, de traiter à fond cette question. (1)

Nous nous bornerons ici à répéter que l'homme qui possède réellement ce qu'on appelle la force magnétique opère surtout avec les fils actifs et que l'homme au contraire qui subit cette force opère avec les fils passifs. Selon évidemment que l'homme appartient à l'une ou l'autre de ces deux catégories, il exerce plus ou moins d'influence sur ses semblables. Il ne jouera un rôle actif, il ne sera vraiment un militant de la pensée et de l'action que s'il est capable de déployer une grande activité d'esprit. C'est à ce signe que l'on reconnaîtra qu'il possède la « Force volique ». Nous verrons dans notre prochaine leçon de quels effets celle-ci est capable.

____

(1) Pour une étude plus approfondie du problème recourir aux livres de M. Henri Durville, notamment au *Cours de Magnétisme personnel* et à *La Science secrète* (Henri Durville, imprimeur-éditeur).

EFFET DIRECT DE LA FORCE VOLIQUE

———

L'exercice de la volation, considérée sous sa forme
matérielle varie avec chaque individu. On peut affirmer d'une façon générale que l'influence dont tout
homme est susceptible varie en proportion de sa force
de volation. Les conducteurs d'hommes « donnent » à
cet égard des exemples caractéristiques. Leur force volique a pris chez eux un développement considérable
et elle agit, sans que d'ailleurs ils en aient le plus souvent conscience, en proportion du développement. Rien
n'embarrasserait davantage un de ces hommes privilégiés comme d'expliquer le secret de sa puissance. Ils
savent qu'elle existe, ils en voient les effets, ils en sai-
sissent les résultats, mais ils n'en discernent pas les
causes. Napoléon donne, à ce point de vue, l'exemple
le plus édifiant. Personne n'a eu à un tel degré le don
du commandement; personne n'a pesé d'un tel poids
sur la volonté des autres; personne n'a mieux su assujettir à ses desseins et subordonner à ses ambitions
ceux dont le concours lui était nécessaire. Il savait
d'ailleurs l'ascendant qu'il exerçait et c'est à cet ascendant qu'il a fait appel dans toutes les circonstances décisives de son existence. Sur la fin de sa carrière, il a
semblé perdre de vue la source de cette toute-puissance; il s'en est écarté et il est tombé. Il en est de même de tous ceux qui ont joué un rôle décisif dans la
destinée des peuples ou des races. Tous ont eu la pleine
conscience de leur « moi »; tous ont cru à leur étoile;
tous ont eu comme la vision d'une providence veillant

sur leur destinée et leur offrant la fortune et la gloire. Ceux-là sont ce que nous appellerons les audacieux. Il en est beaucoup d'autres qui sont doués, à un degré supérieur aussi, de la force de volonté mais qui n'en savent ou qui n'en veulent tirer parti. Chez ceux-là on peut dire que la nature s'est contrecarrée elle-même. Elle a mis en eux l'instinct de domination et le sentiment d'humilité. Elle leur a imprimé la force mais elle leur a refusé l'ambition et le désir. Ni la fortune, ni la renommée, ni la gloire ne sont capables de les tenter. « Vanitas, vanitatum » est leur suprême devise.

Ce n'est pas la nôtre et à tous nous prêchons l'énergie, l'ambition et les joies de l'effort. A tous nous disons: « Travaillez et persévérez ». Il n'est rien de pire, en effet, que l'inconstance. Il n'est rien de plus désastreux que de prendre une résolution et de ne pas s'y tenir; que de s'engager dans une entreprise et de l'abandonner; que de se donner un but et de s'arrêter en chemin. Le succès est, comme nous l'avons déjà dit, dans la rectitude de la conduite. S'assigner un point de départ et se donner un point d'arrivée, voilà ce que doit faire chaque homme; et quand il a ainsi déterminé son but il doit y marcher tout droit sans se préoccuper des obstacles, sans s'émouvoir des difficultés de la route, sans en redouter les périls. Les hommes supérieurs, les hommes qui ont rempli vraiment toute leur destinée, sont précisément ceux qui se sont affranchis du doute et qui ont marché d'un pas résolu, d'une confiance obstinée, d'une volonté invincible.

Dans la leçon précédente nous avons défini la volation « l'effort conscient de la volonté pour produire des vibrations de pensée et les concentrer sur un objet déterminé ». Cette volation se manifeste d'une façon très sensible dans les entretiens particuliers. Chaque fois qu'un homme est en présence d'un autre, qu'il veut l'influencer et qu'il est doué d'une certaine force magnétique, le phénomène de volation se produit. Il se produit aussi à longue distance lorsqu'une volonté parfaitement exercée ou très forte cherche à agir sur une autre. Le phénomène ici est souvent appelé « télépsy-

chie ». La première forme sous laquelle se manifeste
la volation est tout à fait courante et l'on en peut trouver d'universels exemples. La seconde forme sous laquelle elle se produit est plus rare et ceux qui la com-
prennent le mieux sont en réalité très embarrassés
pour l'expliquer; nulle violence, en général, ne l'accompagne; elle se répand, elle se propage en silence. Ceux
qui la pratiquent sont presque toujours discrets ou ré-
servés; le nombre en est d'ailleurs plus grand qu'on
ne pense. La transmission de sa propre pensée à autrui
ou l'art de la saisir chez les autres en sont deux manifestations usuelles. Nous pourrions citer plusieurs
exemples de personnes qui ont développé cette puissance à un degré tout à fait remarquable mais qui —
chose remarquable — ne veulent pas consentir à la
produire en public; elles se bornent à en rendre té-
moins quelques amis intimes qui se sont eux-mêmes
familiarisés avec le sujet. Ces personnes connaissent la
nature réelle de la puissance dont elles font usage; elles en ont comme le respect et elles ne veulent pas la
prodiguer à tout propos. Elles sont contentes de l'avoir
acquise et de pouvoir en faire usage dans quelques cas.
Elles n'ont rien de commun avec les prosélytes; ni les
joies ni les émotions de la propagande, ne les tentent
et elles vivent en solitaires dans une sorte de misanthropie qui se tourne volontiers en dédain à l'égard
d'autrui.

La première condition qu'il importe de remplir pour
acquérir la force de volation est de croire en soi-même,
d'avoir conscience de son « moi ». Plus cette conscience sera nette, plus la force sera grande. Il nous
est difficile à cet égard de donner des prescriptions
précises. L'art d'acquérir cette force mystérieuse se
sent plus qu'il ne s'enseigne. Si vous le possédez, ou
même si vous êtes susceptible de le posséder, vous en
aurez le sentiment. Le sentiment du « moi » est un
sentiment tout à fait particulier et presque indéfinissable. Si on ne le possède pas, on n'a pas le sens vraiment de son humanité; on ne comprend pas, on ne saisit pas tout son être; on ignore une partie de sa nature.

4

Qu'on nous permette une comparaison un peu triviale: quand vous considérez non pas votre personnalité, mais votre personne, c'est-à-dire la forme tangible par laquelle celle-là se manifeste, il vous semble que votre corps se confond avec vos vêtements; mais vous avez cependant le sentiment que vos vêtements ne sont point votre corps et que la vie physiologique, la vie animale qui vous anime est en dehors de cette enveloppe artificielle et bien supérieure à celle-ci. De même si vous considérez votre personnalité intime, votre personnalité abstraite, vous aurez le sentiment que votre « moi » est en dehors et au-dessus de ce que vous saisissez habituellement de cette personnalité; et il sera vrai de dire qu'un homme qui n'a pas le sentiment de son « moi » est tout aussi borné au point de vue psychique que serait borné au point de vue naturel un homme qui n'aurait pas conscience de sa vie physiologique et qui confondrait son être avec l'enveloppe artificielle qui le protège. Pour parler plus simplement, nous dirons que chaque fois que nous aurons le sentiment de notre « moi », nous aurons le sentiment complet de notre existence et nous saisirons la source réelle de notre puissance. Cette conscience du « moi » n'est pas instinctive; nous voulons dire par là que les hommes ne l'apportent pas toute développée en naissant; mais elle existe à l'état de rudiment, à l'état de germe et, comme tous les germes, on la peut développer par la culture et l'effort. Si on en néglige le développement, si on s'en désintéresse, elle s'atténue naturellement de plus en plus et chez quelques-uns même elle arrive à disparaître. Il arrivera parfois qu'il suffira d'en évoquer l'idée pour en assurer le développement, mais le cas sera rare; il se limitera aux hommes très intelligents et très sensibles. Chez la plupart, la réflexion et l'étude personnelles seront indispensables. C'est une erreur de croire que la vérité est également sensible dans tous les hommes. Beaucoup en ignorent le principe ou ne le sentent pas; c'est pour ceux-là que nous disons: « Cherchez, travaillez, persévérez; le germe de vérité est en vous, le soleil de la science le fera éclore;

vous proclamerez demain ce que vous niez aujour-d'hui ».

A ceux qui, sans en être arrivés encore à la pleine conscience du « moi » le pressentent cependant et même commencent à le saisir, nous disons: Portez hautement l'idée en vous; laissez-la mûrir; faites-la éclore. La moisson de vérité est proche et rien ne vous la pourra ravir. La vérité est indestructible; là où elle a planté ses racines, elle ne peut être extirpée. Le pré-jugé, l'erreur, la haine, la violence, l'arbitraire, l'in-justice, la persécution ne sauraient prévaloir contre elle.

En rapportant tout à soi-même, en se faisant com-me le centre de la vie extérieure, on aidera sensible-ment au développement de son « moi ». Il prendra de telles proportions qu'on ne manquera jamais de le saisir et l'on arrivera ainsi d'une façon très rapide à posséder toute la force d'influence et d'attraction dont chaque homme est susceptible.

L'on peut, comme nous l'avons dit, utiliser la force de volation dans les entretiens particuliers lorsque l'on veut influencer quelque personne déterminée. Il suffit pour cela d'en appeler fortement à sa pensée en se disant qu'on a le droit d'adresser cet appel et qu'on a le pouvoir de le faire entendre. Cette dernière dispo-sition d'esprit est essentielle. Chaque fois qu'un opéra-teur aura des doutes sur sa puissance d'influencer les autres il échouera. L'échec sera proportionné à l'éten-due de ce doute; s'il ne croit pas réellement à sa puis-sance son échec sera absolu; s'il n'y croit qu'à demi, son échec sera partiel; s'il croit réellement à sa puis-sance, son succès sera certain. L'histoire du Magnétis-me abonde en exemples caractéristiques et en résultats édifiants. (1)

Gardez-vous cependant de croire qu'il suffit, au point de vue magnétique, de vouloir des résultats pour les obtenir. Le Magnétisme serait, en vérité, trop commo-

---

(1) Voir, **Hector Durville**: *Histoire raisonnée du Magnétisme* (Henri Durville, imprimeur-éditeur).

de s'il ne dépendait que du désir de celui qui le pratique. Sans doute, il suffira de vouloir conquérir, subjuguer une autre personne pour arriver à ses fins si cette personne est faible, si elle est dépourvue de toute
force volique; mais chez les personnes qui possèdent
cette force à un degré suffisant l'action magnétique où,
si l'on veut, le phénomène de la suggestion rencontre-
ront de sérieux obstacles.

Les préceptes, en cette matière, sont bien loin d'ailleurs de valoir les exemples, et nous ne saurions trop
recommander à nos lecteurs, à côté de l'effort spécula-
tif qui est indispensable, l'effort pratique qui l'est plus
encore. Nous avons parlé, dans un autre chapitre, de
l'enfant qui ne sait pas nager et qui n'y parvient que
lorsqu'il s'est convaincu qu'il y pouvait réussir. De
nouveau, nous donnons cet exemple à nos lecteurs.
Qu'ils le suivent; qu'ils fassent de ces deux mots:
« oser et vouloir » tout le programme de leur vie. (1)

Ils devront naturellement utiliser la force de volation en accord avec la puissance de suggestion dont
nous avons parlé dans les précédentes leçons. Ils arriveront ainsi à concentrer leur puissance de pénétration
et d'influence en observant les prescripitons que nous
avons données à propos de la concentration. Dans
d'autres leçons subséquentes nous expliquerons pourquoi cette puissance ne doit être affectée qu'au bien
et qu'il n'est jamais permis à l'opérateur de nuire à
autrui. Nous insistons sur cette recommandation. Nous
y insistons d'autant plus que nous avons en vue l'intérêt de l'opérateur aussi bien que l'intérêt de son sujet. Il n'est pas douteux, en effet, que si l'opérateur ré-
servait ses moyens d'influence à des fins condamna-
bles, il compromettrait infailliblement, non seulement
son autorité et son prestige, mais la source même de
sa puissance. Il pourrait réussir provisoirement, mais

<hr>

(1) Les sages de l'antiquité qui ont soulevé le voile du mystère ont
condensé en quatre mots tout l'enseignement initiatique: *Savoir* et
Vouloir correspondent à la première étape du développement psychique, mais seuls *Oser* et se *Taire* conduisent aux plus hauts sommets. Voir pour commentaires l'ouvrage de M. Henri Durville: *Vers
la sagesse*. (Henri Durville, imprimeur-éditeur).

son échec final serait inévitable. Nous pourrions le dé-
montrer rationnellement si cette démonstration ne
nous paraissait pas inutile. Nos lecteurs n'ont certainement pas besoin qu'on leur prouve qu'une puissance qui a été donnée à l'homme pour des fins supérieures, ne peut pas être mise au service de bas intérêts ou de viles passions. Mais il n'est pas défendu de
la faire servir à des intérêts légitimes et à des desseins honorables.

L'opérateur peut fort bien par exemple l'affecter à
un but commercial. S'il traite avec quelqu'un et si ce
quelqu'un n'entre pas dans ses intérêts et dans ses
vues, il lui sera parfaitement permis d'user de sa
puissance magnétique pour réduire l'hostilité qu'il
rencontre ou avoir raison de la résistance qu'on lui
oppose. Toutefois, dans ce cas encore, l'opérateur ne
doit jamais poursuivre qu'un but honorable. La pro-
bité est un devoir surtout en affaires et le vol n'a jamais d'excuse. Si donc la puissance magnétique était
affectée à quelque dessein malhonnête, l'opérateur
serait parfaitement répréhensible et il aurait à souf-
frir quelque jour du mal qu'il aurait commis en proportion même de ce mal. C'est cette pensée que traduit sous une autre forme le vieux dicton : « On ne
récolte que ce que l'on a semé ». Du reste, nous par-
lons un peu ici hors de propos, car l'expérience a démontré que ceux qui ont acquis, dans toute son éten-
due et dans sa pleine efficacité, la puissance de volation ne sont jamais tentés d'en faire un mauvais usage. Instinctivement, ils la destinent à des fins élevées
et à un but moral. Le nombre est en vérité bien petit
des hommes qui en font un triste usage et ceux-là
d'ailleurs, à l'exemple des grands criminels, demeu-
rent rarement impunis.

Le meilleur exercice, pour le développement de la
volation est naturellement la concentration de la
pensée sur un sujet déterminé. Mais il peut être intéressant pour l'étudiant de se livrer à plusieurs expériences sur des sujets différents afin de se mettre en
confiance avec lui-même et de « se faire la main ».

Nous indiquons plus loin, à ce propos, quelques exercices essentiels. D'autres se présenteront d'eux-mêmes à l'étudiant dans le cours de ses études. Qu'il se
livre d'abord à des expériences faciles, puis qu'il en
gradue les difficultés peu à peu. C'est par cès tenta-
tives méthodiques qu'il arrivera à la pleine possession
de la science qu'il ambitionne.

Sans entrer dans de trop longs développements,
nous nous permettrons toutefois quelques conseils
pratiques. Quand l'opérateur veut obtenir un résultat,
il ne doit pas s'imaginer que ce résultat exige de sa
part une attitude ou un effort extraordinaires; qu'il
doit, par exemple, prendre une physionomie féroce et
manifester tous les symptômes de la fureur. La force
véritable est toujours calme; les puissants sont ceux
qui ne se départissent jamais de leur sang-froid, que
rien n'émeut, que rien n'irrite et qui montrent en toute circonstance une physionomie souriante et un front
serein. Nous adressant à nos lecteurs, nous leur re-
commadons donc le calme et la sérénité. Nous y
ajoutons la persévérance, la persévérance étant comme le couronnement de toutes les vertus.

Dans notre prochaine leçon, nous aborderons le
sujet de la volation à longue distance ou, à propre-
ment parler, la volation télépsychique. Pour le moment, nous nous en tiendrons aux exercices que nous
avons annoncés plus haut.

EXERCICES

Exercice 1. — Tandis que vous descendez dans la
rue, concentrez votre attention sur quelqu'un qui se
promène devant vous; une distance d'au moins six à
dix pieds de celui-ci est absolument nécessaire; cette
distance peut être naturellement plus grande. Fixez
cette personne avec toute la force de concentration
dont vous êtes capable en prenant comme point de
mire la nuque. La fixant ainsi, dites-vous que vous
voulez qu'elle se retourne et qu'elle regarde dans votre direction. Presque toujours, la personne se retour-

nera. L'expérience a prouvé que les femmes se montrent à cet égard plus impressionnables que les hommes. Il est bien entendu que le succès de cette tentative exigera quelque expérience et que vous n'arriverez à influencer la personne qui vous précède qu'autant que vous aurez pratiqué le Magnétisme d'une façon suffisante.

Exercice 2. — Portez votre regard sur quelque personne assise devant vous à l'église, au théâtre, au concert, etc., et fixez-la comme il a été dit précédemment. Si vous exprimez avec énergie la volonté que la personne regarde tout autour d'elle, vous ne tarderez pas à vous apercevoir qu'elle va en effet regarder tout autour de soi, montrer plus ou moins de nervosité, manifester plus ou moins d'inquiétude et finalement regarder dans votre direction. Cette expérience réussira d'autant mieux que le sujet que vous aurez choisi sera une personne de votre entourage ou, au moins, de votre connaissance. Le lien personnel ici est un des facteurs essentiels du succès.

Ces deux exercices, tels que nous venons de les décrire, peuvent être variés à l'infini par l'étudiant. En fait le principe est le même dans chaque cas: la fixité du regard d'une part, et d'autre part la volonté de l'opérateur à obtenir le résultat désiré sont les deux éléments essentiels de l'opération. Vous remarquerez naturellement, en vous reportant aux études précédentes, que la puissance de concentration peut être considérablement développée par la pratique des exercices donnés dans notre leçon sur la concentration. Si, par hasard, vous éprouviez quelque difficulté à obtenir les résultats ci-dessus, vous devriez en tenir cette conséquence: c'est que votre puissance de concentration n'est pas suffisamment développée et que le succès vous sera impossible tant qu'elle restera dans cet état d'infériorité. Vous aurez donc à travailler cette faculté avant toute autre chose.

Exercice 3. — Choisissez dans une voiture publi-

que, une personne assise sur la banquette opposée à
la vôtre, mais dont la place se trouve sensiblement à
droite ou à gauche de celle qui est directement en face
de vous.

Affectez, si vous voulez, de regarder droit devant
vous de façon à lui laisser croire que vous ne la voyez
point; mais ayez conscience de sa présence et regardez-
la du coin de l'œil; dirigez sur elle un courant mental
aussi fort que possible et dites-vous, avec toute l'énergie dont vous êtes susceptible, que vous voulez qu'elle
regarde dans votre direction. Si l'expérience est bien
faite le résultat sera invariable: la personne que vous
aurez choisie pour sujet vous regardera inévitablement. Parfois, le regard de celle-ci semblera ne pas
s'adresser à vous et vous effleurera à peine, mais
souvent ce regard sera vif, concentré et aigu comme
si votre sujet avait conscience de l'influence que vous
avez exercée sur lui. La personne obéissant ainsi à
votre demande mentale paraîtra le plus souvent em-
barrassée et nerveuse lorsqu'elle rencontrera votre
regard magnétique; elle aura le sentiment d'une force
qui la domine, d'une volonté qui l'étreint, et son attitude exprimera nettement ce sentiment.

Exercice 4. — Si vous parlez à une personne, et
qu'elle semble hésiter dans le choix d'un mot, regar-
dez-la fixement et adressez-lui comme une suggestion
mentale de ce mot. Si cette suggestion est vraiment
énergique, il arrivera presque toujours que la personne influencée répétera le mot que vous avez voulu
lui suggérer. Ce résultat toutefois n'est possible qu'autant que ce mot est approprié à la circonstance. S'il
en était autrement, son esprit passif hésiterait à l'em-
ployer et son esprit actif s'y opposerait résolument.
Quelques-uns de nos étudiants ont fait une expérience avec quelques orateurs publics, quelques pré-
dicateurs, et les résultats qu'ils ont constatés sont des
plus curieux. Nous nous rappelons pour notre part
avoir lu un livre traduit de l'allemand dans lequel se
trouve relaté l'exemple d'un jeune homme dont la

puissance de concentration et de volation était arrivée à un degré vraiment exceptionnel. Etudiant dans un des plus grands collèges de sa ville, il avait pour les sports une inclination particulière et ses études en avaient nécessairement souffert. Il était donc menacé d'un échec presque inévitable. Mais ayant découvert accidentellement sa force magnétique, il imagina un plan d'étude d'après lequel il devait se borner à étudier quelques questions dans chaque leçon, puis les suggérer de toute son énergie mentale au professeur. La suggestion réussit presque chaque fois. Elle n'échoua que le jour d'examen, par suite de cette circonstance malencontreuse que le conseil d'université avait arrêté d'avance le choix des questions à poser.

Exercice 5. — Une intéressante expérience est celle qui consiste à vouloir imprimer à une personne un mouvement dans une direction déterminée. Elle peut être faite chaque fois que vous marchez dans la rue derrière une personne et que vous la fixez comme il a été dit précédemment. Supposez que cette personne — que vous avez choisi pour sujet — en croise une autre. Vous pouvez avec une force d'énergie suffisante, faire en sorte que votre sujet, au moment où il croise la dite personne, tourne la tête soit à droite soit à gauche. Cette expérience peut être tentée dans des conditions différentes. Imaginez que, marchant dans la rue, vous voyiez venir vous-même une personne du côté opposé et marchant dans votre direction. Vous la fixez d'aussi loin que vous pouvez, vous marchez droit à elle sans regarder ni à droite ni à gauche et vous vous dites avec toute la force de volonté dont vous êtes capable: « Je veux que cette personne tourne la tête à droite ou à gauche ». Presque invariablement la personne influencée obéira à votre appel mental.

Exercice 6. — Mettez-vous à votre fenêtre et regardez une personne qui vient. Si vous la fixez avec une énergie suffisante en exprimant la volonté qu'elle lève la tête et vous regarde, elle le fera presque invariablement. Sept fois sur dix au moins, elle obéira à votre appel mental si votre puissance magnétique est arrivée à un degré de développement suffisant. Même si vous n'avez pas reçu un entraînement très considérable, vous pourrez par un seul appel de volonté et par la simple croyance en la force magnétique, obtenir le résultat projeté. Ce résultat dépendra dans une certaine mesure, du choix de votre position. Il sera par exemple beaucoup plus sensible et beaucoup plus prompt si vous vous tenez à une fenêtre du premier étage. Il semble qu'il y ait comme une relation d'espace entre celui qui la subit et que la force d'attraction soit proportionnelle à la distance. Tout cela n'est point naturellement si rigoureux que nous semblons le dire, et l'élément personnel, c'est-à-dire la faculté d'influence individuelle domine le phénomène. Mais ce qui est vrai et ce que l'expérience prouve invariablement, c'est que la force du regard, sa puissance de pénétration sont d'autant plus grandes, d'autant plus efficaces, d'autant plus agissantes que le regard tombe de moins haut.

L'expérience pourrait être faite dans des conditions inverses. Le pôle de magnétisation pourrait être changé. Le sujet pourrait être non plus la personne qui passe mais la personne assise à la fenêtre: le résultat serait le même. Le phénomène de pénétration se produirait tout aussi bien. Le fluide, en ce cas, agirait de bas en haut au lieu d'agir de haut en bas, et l'opérateur serait la personne en mouvement. C'est elle qui aurait à fixer celle qui se tient à la fenêtre et à agir sur celle-ci de toute sa volonté, de toute son énergie magnétique pour l'amener à prendre telle ou telle attitude.

Peut-être ces exercices paraissent-ils, à première vue, fastidieux à nos lecteurs. Mais s'ils s'y livrent, ils seront surpris d'y trouver tant d'intérêt et de charme que le désir de les renouveler s'éveillera tout naturellement en eux et qu'ils seront tentés d'en abuser.

Qu'ils s'en gardent bien et que surtout ils ne leur donnent pas un but enfantin. Rien ne serait plus indi-

gne d'eux-mêmes et de la science dont ils ont reconnu et dont ils aiment les bienfaits que de s'amuser
avec ces expériences magnétiques ou d'en amuser les
autres, comme les enfants le font de leurs joujoux.

Toujours, ils devront avoir en vue les fins supérieures qu'ils poursuivent et le but élevé qu'ils veulent atteindre et ne voir dans les dernières expériences que
nous avons relatées qu'un acheminement vers le devoir, vers l'idéal.

———

Nous ne chercherons pas à vous convaincre, lecteurs, de l'existence de la télépsychie. Les sciences psychiques ont fait de si merveilleux progrès, en ce dernier temps, que la télépsychie est évidente non seulement pour ceux que des études spéciales ont éclairés, mais aussi pour le gros public, pour la multitude des hommes que les nécessités de la vie ou une sorte d'indifférence intellectuelle ont tenus jusque-là en marge des sciences modernes et des progrès contemporains. Pour tous indistinctement, la télépsychie est aussi certaine, aussi évidente, aussi tangible que les rayons X ou la télégraphie sans fil. D'ailleurs, il est vrai de dire que par une sorte d'instinct secret le gros public a toujours cru vaguement aux transmissions de la pensée, aux influences magnétiques, à l'auto-suggestion en un mot et que les expériences récentes en télépsychie, les découvertes splendides auxquelles elles ont abouti et les résultats merveilleux qu'elles ont consacrés n'ont fait que le confirmer dans ce que son intelligence et son instinct avaient pressenti.

L'objet de cette leçon n'est donc pas de vous convaincre, lecteurs, de l'existence de la télépsychie ou de la transmission de la pensée, mais de vous indiquer les meilleurs moyens de vous en servir.

Chaque pensée volontaire ou involontaire détermine des vibrations de pensées qui rayonnent dans l'espace et qui, rencontrant certaines personnes, les influencent dans une mesure plus ou moins grande.

Il y a un moyen de diriger ces vibrations de la pensée selon la droite ligne et de créer par conséquent comme un lien continu entre l'opérateur et le sujet. On peut, en réalité, comparer ces projections de pensées à la projection de la charge d'un fusil. La loi mécanique, dans les deux cas, est à peu près la même.

Quelques professionnels des sciences mentales ont au point de vue de la transmission de la pensée et de l'art télépsychique, atteint des résultats vraiment merveilleux et l'on se demande comment dans certains cas ces résultats ont pu être tels. Mais il serait faux de croire qu'ils peuvent être obtenus du premier coup; ils ne sont possibles, au contraire, qu'après de longues études et de multiples expériences. Il importe aussi que le professionnel qui se destine à cette carrière adopte un genre de vue tout à fait particulier. On a dit avec raison que le Magnétisme « s'achète » et que les résultats dont il est susceptible sont tout aussi onéreux que la vertu ou la gloire.

Il ne faut point s'en plaindre d'ailleurs. Si les sciences magnétiques pouvaient s'acquérir trop facilement, le nombre de personnes qui s'y voueraient serait considérable et l'on assisterait à d'inévitables abus et à de véritables scandales.

Nous avons reçu les confidences de plusieurs de ces professionnels. Nous avons eu l'honneur d'être admis dans l'intimité de leurs études, de leurs efforts et de leurs expériences et nous pourrions faire bien des révélations sensationnelles si le secret auquel nous nous sommes engagés nous permettait de parler. En dehors d'ailleurs de ces considérations d'ordre tout intime, il en est une autre qui, au besoin, nous commanderait la réserve: c'est qu'il ne nous paraît pas utile de trop propager ces sciences magnétiques et de s'exposer à les mettre entre les mains de gens sans scrupules qui en feraient un déplorable usage. Dans l'état actuel des choses, trop d'abus déjà se produisent, trop de scandales se succèdent.

Ces réserves faites, nous devons dire, toutefois, que nous poursuivons dans cet ouvrage un but plus scien-

tifique que moral, et que nous sommes plus préoc-
cupé d'enseigner à nos étudiants les moyens d'acquérir la puissance magnétique et d'en faire usage que
de leur assigner un but moral et des fins supérieures.
Nous avons d'ailleurs pleine confiance dans leur caractère et nous sommes convaincus qu'ils ne songe-
ront jamais à transformer en mal les sources de bien
que nous nous proposons de leur révéler. Nous nous
en tiendrons donc au principe et aux applications.

PRINCIPE. — Le principe de la force magnétique est
le suivant: chaque homme est doué d'un don spécial
qui leur permet d'en influencer d'autres, quelle que
soit la distance, à la seule condition d'avoir reçu une
éducation particulière et comme un entraînement
gradué.

APPLICATIONS. — Comme nous l'avons déjà dit toutes les pensées produisent des vibrations qui s'élargissent et se propagent à la manière des rides déter-
minées par une pierre qui tombe dans l'eau. Ces vibrations vont dans toutes les directions. Elles peuvent par conséquent affecter plusieurs personnes à
la fois, puisqu'elles rencontrent nécessairement dans
leur rayonnement un certain nombre d'individus ou,
si l'on veut, d'intelligences. Mais de même que vous
pouvez par un jet spécial déterminer une certaine direction pour les rides produites par la pierre que vous
avez lancée, de même vous pouvez, par un effort particulier du cerveau, imprimer à vos vibrations de pensées une direction déterminée. Supposons par exemple que vous vouliez attirer l'attention d'une personne dont vous désirez le concours. Vous aurez à vous
représenter d'abord, par un effort mental qui fait
partie des sciences magnétiques, cette personne comme vous étant déjà conquise, c'est-à-dire, comme s'intéressant déjà à vous. Cette fiction aura pour résultat inévitable de vous permettre la propagation de
toute une série de vibrations de pensées dans la direc-

tion de la personne et de l'influencer en proportion de
la confiance que vous aurez en elle.

Pour obtenir les meilleurs résultats possibles, il sera bon que vous pratiquiez les exercices relatifs à la
concentration. Vous pourriez à la rigueur aboutir
sans en rien savoir, mais le résultat serait nécessairement limité; une connaissance approfondie des lois
de la concentration ne manquera jamais de le décu-
pler. Nous supposerons donc, pour passer tout de
suite aux conséquences, que vous connaissez ces lois
et que vous êtes prêts à leur obéir (1).

Imaginons, par exemple, que vous deviez avoir
dans quelques jours un entretien avec une certaine
personne que vous désirez intéresser à vos desseins
et à vos travaux. Il se peut que cette personne vous
soit absolument étrangère, qu'elle ne connaisse même pas votre nom et qu'elle n'ait par conséquent aucune raison de vous vouloir du bien. Vous chercherez
alors à l'influencer à distance avant de l'aborder et de
vous concilier insensiblement sa sympathie et son
intérêt.

Le meilleur moyen d'obtenir ce résultat est d'éta-
blir, entre cette personne et vous un rapport mental
par l'intermédiaire de la télépsychie. Vous procéde-
rez alors de la façon suivante: Vous chercherez d'a-
bord une place solitaire, ou rien ne risquera de venir
vous troubler et vous vous étendrez sur une chaise-
longue. Puis vous vous y mettrez à l'aise, vous relâ-
cherez vos muscles, vous détendrez votre corps, vous
vous dégagerez pour ainsi dire de votre personnalité
physique; vous ramasserez toute votre pensée, toute
votre énergie mentale, toute votre force de rayonnement, toute votre volonté d'action sur l'objet qui vous
préoccupe, sur la personne que vous voulez influencer. Si vous n'avez jamais vu cette personne, vous
chercherez, par une fiction, à vous en représenter
l'image, la physionomie, l'attitude. Il arrivera alors

____

(1) Se reporter pour tous développements relatifs à la culture psychique au *Cours de Magnétisme personnel* de M. Henri Durville déjà
cité (6ᵉ édition, 1.120 pages avec fig.).

presque invariablement qu'après quelques expériences de ce genre, vous parviendrez à dresser devant
vous une image parfaitement nette, une physionomie
tout à fait précise et vous serez ainsi dans les meilleures conditions possibles pour l'expérience que vous
voulez faire. Votre pensée sera plus forte, votre énergie plus active, votre volonté plus déterminée et les
vibrations qui rayonneront de votre cerveau et dont
la force d'expansion dépendra de l'énergie de votre
pensée arriveront d'autant plus vite et d'autant plus
fortes à la personne que vous avez en vue. Il y aura
dès lors chance pour vous de succès, c'est-à-dire de
magnétisation.

Ce résultat sera nécessairement plus sensible si,
par un autre effort d'imagination, vous vous représen-
tez votre sujet à l'extrémité d'un tube qui part de
votre œil. Votre pensée se trouvera ainsi comme concentrée, comme ramassée sur une seule ligne et les
vibrations, auxquelles elle donnera naissance, sui-
vront naturellement cette ligne et arriveront à leur
but avec une force d'autant accrue. Il sera bien rare,
dans ce cas, que le but que vous poursuivez ne soit
pas atteint et que le concours qui vous est nécessaire
vous soit refusé. Ceci n'arriverait que si la personne
sur laquelle vous opérez était elle-même dans le secret des sciences psychiques et pouvait disposer contre
vous de la force dont vous pouvez vous-même disposer contre elle.

La fiction du tube est des plus importantes et nous
ne saurions trop y insister. Mais cette fiction ne sera
pas toujours dès le début assez forte, assez intense
pour vous donner l'impression de la réalité. Il convien-
dra alors de procéder par étapes, par expériences successives. D'abord le tube vous apparaîtra sous une
forme très vague, avec des lignes imprécises, puis
peu à peu cette forme s'arrêtera, ces lignes se préci-
seront jusqu'à ce qu'enfin vous ayez l'impression
d'une forme concrète, d'un objet tangible.

Si durant ces expériences des influences extérieures pèsent sur vous, vous devez chercher à vous en

affranchir et vous ferez appel à toutes vos énergies intérieures, à toute la conscience de votre individualité, à tout votre « moi » en un mot. Vous accentuerez ainsi, dans une proportion considérable, votre force psychique et vous serez capable de lancer en avant un nombre de vibrations d'autant plus rapides, d'autant plus fortes et d'autant plus agissantes.

Mais comment développer votre « moi »? Par une fiction encore. Vous vous figurerez, sous une forme concrète, sous des lignes précises votre être mental et vous vous imaginerez qu'une enveloppe de pensée le protège et l'isole et que nulle force ambiante, nulle action extérieure ne peuvent s'exercer sur lui et le déterminer dans un sens ou dans l'autre.

Vous accroîtrez ainsi considérablement vos énergies intérieures et surtout vous en serez maître. Il vous sera loisible d'en faire tel usage qui vous plaira, de les affecter à tel objet, de les destiner à tel but, de les concentrer sur tel point et d'accroître d'autant la force de pénétration de vos pensées, l'intensité des courants. mentaux, des courants nerveux dont votre cerveau est le siège.

Si, à un moment donné, vous éprouvez comme un besoin plus pressant de solitude, si vous voulez vous recueillir davantage, si vous désirez vous isoler plus complètement encore des forces multiples qui vous enveloppent, abandonnez-vous tout entier à l'idée, à l'image, à la fiction que nous venons d'indiquer et concentrez-y toutes vos pensées, toutes vos ressources de volonté, toutes vos énergies mentales, toute l'activité intérieure dont vous êtes susceptible. Vous serez surpris alors des résultats merveilleux que vous obtiendrez sur vous-même; votre pensée se dégagera, s'éclairera, s'avivera. Elle jaillira comme une flamme et son intensité lumineuse, sa capacité de rayonnement et de pénétration seront si grandes qu'elle pourra briser tous les obstacles, vaincre toutes les résistances.

Mais nous n'avons pas seulement à nous demander comment nous pouvons influencer les autres; nous avons aussi à rechercher comment nous pouvons nous défendre contre eux. Car, comme nous, ils ont le don d'influence, la faculté de rayonnement, la puissance de pénétration. Comme nous, ils peuvent se répandre, agir, asservir. Cela est si vrai que nous sommes toujours en évolution de pensée; que nos opinions varient avec les circonstances et les milieux et que selon que nous vivons avec les uns ou avec les autres, nos idées au point de vue religieux, au point de vue philosophique, au point de vue esthétique diffèrent et, parfois même, s'excluent. Qu'est-ce à dire sinon que notre cerveau a été assailli par toutes les forces qui l'entourent et qu'il s'y est rendu, acceptant ainsi la direction qu'en pleine conscience il eût tirée de lui-même.

Les exemples de ce phénomène abondent. Ils sont fréquents surtout en politique. On voit par moment une idée jaillir, se répandre, tout entraîner, tout vaincre, puis s'apaiser, se ralentir, rentrer dans son lit et mourir. On voit tout aussi bien une passion éclater, grandir, puis disparaître. Telle foule, par exemple, calme et modérée, s'agite et s'exaspère soudain pour revenir bientôt à la modération et à l'équité. Il a suffi, pour déterminer ces alternatives, de quelques hommes d'action, de quelques esprits résolus. Ceux-là ont déchaîné la foule par des prédications de violence; ceux-ci l'ont ramenée et l'ont retenue par des appels à l'équité et à la tolérance. Mais les uns et les autres ont usé des mêmes moyens, c'est-à-dire de leur don d'influence, de leur force de pénétration, de toutes ces ressources de volonté et d'action qui sont comme l'essence du Magnétisme, le secret du Psychisme.

Il importe donc si l'on veut obéir à sa propre raison, de se garder contre toutes ces influences d'alentour et de dresser comme une barrière autour de soi. Mille dangers nous entourent; mille abîmes s'ouvrent sur nos pas. Nous y tomberons si nous ne sommes pas éclairés par nos propres lumières, si nous n'avons pas une volonté réfléchie et forte qui nous indique la route, nous y pousse et nous y maintienne. A chaque heure de notre vie, nous pouvons être, nous sommes sollicités par des forces extérieures, par des volontés puissantes et pressantes qui sont impatientes de nous asservir à leurs desseins, à leurs ambitions, à leurs intérêts. Il faut de toute nécessité que nous puissions nous protéger nous-mêmes et nous défendre contre elles. Notre dignité le commande et notre intérêt l'exige. Nous nous exposerions à de terribles éventualités si nous nous abandonnions sans défense à toutes les influences, à toutes les suggestions, à toutes les forces extérieures qui pèsent sur nous et nous sollicitent. Voilà pourquoi nous avons voulu, en passant, vous mettre en garde contre ces dangers et vous recommander la circonspection et la vigilance avant de revenir à l'exposé de méthodes offensives que nous développions tout à l'heure.

Nous vous avons parlé du tube de communication que vous devez imaginer entre votre sujet et vous-même, et nous vous avons dit l'importance de cette fiction. Nous n'y reviendrons pas. L'expérience d'ailleurs achèvera de vous convaincre si vous avez encore quelques doutes. Vous verrez que la personne dont vous voulez provoquer l'intérêt, à votre bénéfice, sera d'autant mieux disposée à votre égard que vous aurez cherché à l'influencer au préalable. Elle se comportera presque toujours vis-à-vis de vous comme si elle vous connaissait de longue date et entretenait avec vous des relations cordiales. Son accueil sera ouvert, aimable, sympathique et vous vous sentirez avec elle complètement « at home ». Ce n'est pas à dire qu'elle vous cédera sur tous les points ni qu'elle entrera d'emblée dans toutes vos vues; mais elle manifestera le désir de vous plaire et elle sera heureuse de vous obliger, si les services que vous attendez d'elle ne sont pas contraires à ses propres intérêts.

En tous cas, agissez avec elle avec beaucoup de franchise et de décision. La franchise rassure, la décision entraîne. Ne négligez pas non plus la puissance de votre regard; ramassez-en toute l'intensité pour la diriger sur sa propre personne. Le regard souvent rétablit les rapports que la télépsychie avait établis, mais qui s'étaient rompus par suite de quelques négligences. — Dans tout ce qui précède, nous ne donnons que des indications générales: les expériences peuvent revêtir, avec la multiplicité de cas, une infinité de formes. Ce sera à l'opérateur à agir le plus habilement et le plus efficacement possible.

Les étudiants qui lisent ce livre, y découvriront beaucoup plus de choses que ceux qui ne se sont jamais occupés de Magnétisme. Ils seront capables « de lire entre les lignes »; ils verront non seulement ce que nous avons exprimé, mais ce que nous aurions voulu exprimer. Ils compléteront notre pensée; ils combleront nos lacunes; ils élargiront notre enseignement. Nos leçons ne seront pour eux qu'un simple résumé auquel ils sauront d'eux-mêmes donner les développements nécessaires et les conclusions logiques. Les profanes, au contraire, ne pourront guère apercevoir que ce qu'il y a d'explicite et pour ainsi dire de tangible dans nos leçons. Ils ne s'attacheront guère qu'à nos expériences, mais n'en retiendraient-ils que les résultats qu'elles nous ont permis de mettre en évidence qu'ils n'auraient pas lieu de regretter leur lecture. Il en est ainsi en toute chose. Chaque homme découvre ce qu'il est susceptible de découvrir. Un tel, par exemple, ne pourra découvrir un gisement de charbon ou un filon de minerai que si le gisement ou le filon sont apparents. Tel autre, au contraire, conduit par une sorte de secret instinct, sera capable de découvrir une parcelle de diamant perdu dans le sol. Le premier n'a pas le don de la découverte, tandis que le second le possède. De même pour le Magnétisme. Les uns ont « l'instinct », les autres ne l'ont pas.

Il ne nous reste plus maintenant pour compléter nos développements qu'à parler de cette force merveilleuse qui s'appelle la puissance adductrice de la pensée.

———

LES QUALITÉS ADDUCTRICES DE LA PENSÉE

Le grand écrivain du Magnétisme, Prentice Mulford, a résumé toute sa philosophie dans cette simple formule: « Les pensées sont des choses ». Il n'en est guère de plus vraie ni de plus capable de transformer la destinée humaine le jour où les hommes l'auront adoptée (1).

La pensée n'est pas seulement une force dynamique, elle est une chose réelle, tout aussi réelle que les objets matériels. On peut dire d'elle qu'elle est comme une expression plus fine, plus subtile, plus éthérée de la matière ou, si l'on veut, une forme matérialisée de l'esprit; car, après tout, la matière n'est qu'une forme grossie, concrétisée de l'esprit. Il n'y a pas deux substances, comme on le croit généralement: l'une d'essence spirituelle, l'autre de nature matérielle, mais une seule qui peut prendre plusieurs formes, qui peut revêtir plusieurs enveloppes.

Donc, lorsque nous pensons, nous envoyons dans toutes les directions des vibrations tout aussi réelles que les vapeurs qui flottent dans l'atmosphère, que l'air qui y circule et même que les liquides ou les solides. Sans doute, les pensées n'ont ni odeur ni couleur; mais l'air n'en a pas davantage et cependant qui songe à contester l'existence de l'air? D'ailleurs si nous ne les voyons pas, nous les sentons; elles agis-

---

(1) Prentice Mulford: *Les Lois du succès et Les Forces mentales,* 2 vol. in-16 (Henri Durville, imprimeur-éditeur).

sent sur nous; elles nous déterminent dans tel ou tel sens; elles nous impriment tel ou tel mouvement. Elles sont donc susceptibles d'effets matériels tout comme la lumière ou la chaleur et leur existence n'est pas moins certaine que celle de la chaleur et de la lumière. Seulement nos sens ne sont pas assez délicats, assez affinés pour les percevoir et les rendre.

N'est-ce pas l'illustre Professeur Elisa Gray qui a écrit:

« Le fait même qu'il existe des ondulations de son que nulle oreille ne peut entendre et des ondulations que nul œil ne peut percevoir, est un sujet qui donne lieu à bien des spéculations ».

N'est-ce pas aussi A. N. Williams qui, dans son livre intitulé « Short Chapter in Science », a écrit:

« Il n'y a aucune graduation entre les vibrations les plus rapides qui produisent le son et les vibrations les plus lentes qui se résolvent en chaleur. Il y a un immense espace entre elles capable de contenir un autre monde vibratoire, un monde, pour ainsi dire, intercalé entre les deux mondes qui nous sont accessibles: le monde des sons et le monde de la lumière et de la chaleur, qui nous seraient sans doute sensibles, si nous avions des organes pour en percevoir les mouvements et les rendre sensibles ».

En citant ces deux hautes autorités, nous n'avons point en vue une démonstration — qui ne rentre point dans le cadre de cet ouvrage — de l'existence des vibrations de la pensée, mais simplement un sujet de réflexion et d'étude.

Ces vibrations de la pensée dépendent des pensées elles-mêmes. Si celles-ci avaient de la couleur — et quelques-uns le soutiennent — nous devrions apercevoir l'ennui, la crainte, la tristesse, l'abattement, le désespoir sous des couleurs sombres; tandis que la joie, la confiance, l'espoir, l'amour, la générosité, le désintéressement, la tendresse, le dévouement nous apparaîtraient sous une forme joyeuse et claire, sous l'éclat de cette lumière d'été qui, par les beaux jours, dore les objets, transfigure les paysages.

Mais quoi qu'il en soit de cette question des couleurs, il n'en est pas moins vrai que les pensées agissent sur nous-mêmes aussi bien que sur les autres, que nous ne pouvons ni les secouer, ni les vaincre aisément et que d'elles seules dépend le plus souvent tout notre bonheur. Mais ce qui est vrai aussi, c'est que nous pouvons contribuer, dans une certaine mesure tout au moins, à les modifier par l'exercice de notre volonté, par la mise en action de toutes nos ressources d'énergie et de vigueur.

Il importe d'ailleurs d'autant plus de faire agir sa volonté que, conformément au vieil adage, « les pareils s'attirent », les pensées de même nature se groupent selon une loi de similitude et d'affinité, que l'ennui attire l'ennui, la crainte la crainte, la tristesse la tristesse, et que chacun ainsi est affecté non seulement par ses propres sentiments, mais par les sentiment des autres. Si donc vous ne savez pas réagir contre votre propre tendance, contre votre propre état d'esprit, tout effort et tout travail vous seront impossibles quand vous serez enclin à la tristesse et au découragement. Vous ne trouverez plus que des sujets d'ennui et de dégoût, et la vie finira par vous devenir à charge. Si, au contraire, vos pensées sont joyeuses, si votre esprit est ouvert à toutes les joies de l'existence, votre gaîté s'accroîtra de toutes les pensées heureuses qui l'entourent et vous ne trouverez partout que des sujets de réconfort et d'espoir. Il se peut que les sceptiques sourient de nos affirmations mais la vérité ne redoute point les railleries. En l'espèce, elle ne comporte rien d'ailleurs qui ne se puisse contrôler et la seule faveur que nous attendons de nos contradicteurs c'est de bien vouloir, sans parti pris et sans préjugé, esayer les expériences que nous avons indiquées. A ceux qui nous répondront que la joie ou la tristesse ne dépendent point de nous-mêmes, et que nous ne sommes pas maîtres de nos sentiments, nous répondrons qu'ils tiennent la volonté en trop faible estime et que leur fatalisme — qui peut être justifié pour eux-mêmes — né saurait l'être pour l'humanité.

Le « je veux, donc je puis » est aussi vrai que le vieil adage philosophique: « Je pense, donc je suis ».

Nous n'avons pas besoin de tirer la conclusion morale de ce chapitre: S'il est vrai que les pensées de même nature s'attirent, il devient nécessaire que l'homme s'efforce de n'en avoir que d'excellentes et la bonté, la confiance, l'espoir, la joie de vivre, la joie de se dévouer devront être ses sentiments dominants. S'il se laissait envahir par des pensées de haine ou de tristesse il serait à jamais perdu pour la joie et pour l'amour, et l'action qu'il exercerait tout autour de lui serait absolument funeste. Voilà pourquoi l'on peut soutenir sans paradoxe que les professionnels du Magnétisme sont des moralistes au plus haut degré. Ils combattent le mal dans sa racine aussi bien que dans son rayonnement et ils travaillent pour l'individu autant que pour l'espèce. Mais ils savent que ce résultat ne dépend point de quelques gestes ni même de quelques affirmations tranchantes et que l'effort individuel et persévérant s'impose. Voilà pourquoi ils le recommandent comme une nécessité absolue. A vrai dire, ils sont des professeurs d'énergie autant que des professeurs de morale et l'on ne saurait les louer assez des efforts désintéressés qu'ils prodiguent et des hauts exemples qu'ils donnent.

Il est surtout deux pensées qu'ils s'appliquent à combattre: c'est la crainte et la haine. La crainte détruit l'énergie; la haine « déshumanise » l'homme. L'une l'épuise, l'autre le perd. Par la première, il tombe, de degré en degré, dans l'abattement, le désespoir, l'impuissance. Par la seconde, il se dépouille de son humanité; il se rabaisse au niveau des bêtes; il étouffe en lui tout germe moral; il détruit de ses propres mains les dons que Dieu lui a donnés. Mais ce n'est pas seulement pour améliorer l'homme que les forces adductrices de la pensée peuvent être employées, c'est aussi pour le fortifier, pour le grandir. Si ignorant que l'on puisse être des phénomènes du Magnétisme ou si incrédule qu'on puisse se montrer en ce qui concerne ses effets, il est un fait que nul ne peut récuser aujourd'hui tant l'expérience l'a souvent démontré: c'est que l'homme qui sait concentrer ses pensées, les ramasser autour d'un point donné pour les diriger sans déviation et sans dispersion sur un autre, décuple ses moyens d'action et par là sa puissance. On pourrait dire d'une manière absolue — à part quelques exceptions que les chances de la vie peuvent expliquer — que le succès n'est que le résultat de la persévérance, laquelle n'est elle-même que l'affirmation soutenue de la volonté. Que chacun regarde autour de lui; qu'il s'interroge lui-même, qu'il interroge les autres, qu'il analyse leur position, il trouvera toujours à la base de toute fortune, de tout bonheur, l'effort et le vouloir. Tous les jours, il rencontrera d'autres hommes qui sont arrivés à une haute situation uniquement parce qu'ils l'ont voulu, parce qu'ils ont persévéré dans leur voie initiale, parce qu'ils ont ajouté l'effort à l'effort, le combat au combat, le succès au succès. Le magnétisme n'a, en somme, d'autre objet que d'augmenter le petit nombre de ces privilégiés, de ces vaillants. Il veut que la vie soit meilleure pour tous, qu'elle produise plus de joies, qu'elle crée plus de bonheur, qu'elle soit plus féconde, et que par elle l'humanité soit servie sans relâche et poussée vers des horizons plus larges de fraternité et d'amour.

Pratiquement parlant, d'ailleurs, ce ne sont que les gens de volonté qui peuvent exercer une large action et une décisive influence sur les autres. On a dit depuis longtemps que la foi seule est féconde, que la foi seule est créatrice et que le doute, le scepticisme, la négation érigée en système, la raillerie érigée en doctrine sont dissolvants non seulement des énergies internes, mais des énergies ambiantes, des volontés extérieures. Il est donc de l'intérêt général que la volonté l'emporte sur la négation et que la foi triomphe du scepticisme. En se donnant cet objet pour but, le Magnétisme affirme, une fois de plus, sa haute moralité et atteste la beauté de sa tendance et la noblesse de son idéal. Que les hommes de raison droite et de cœur haut ne s'obstinent donc plus à le traiter avec frivo-

lité et avec dédain. Il est leur plus précieux auxiliaire,
il est leur meilleur soutien. C'est avec lui et par lui
qu'ils pourront étendre leur tâche, élargir leur œuvre
et atteindre tout leur but. Il sera comme le stimulant
dont ils pourront se servir pour exciter les esprits
amolis, les volontés défaillantes, les cœurs découra-
gés, les consciences endormies. Qu'ils viennent donc
à lui, qu'ils en acceptent le drapeau, qu'ils en déploient
les couleurs, qu'ils le donnent comme signe de rallie-
ment à tous les hommes de bien!

L'on ne saurait dire assez combien le programme
que nous venons d'indiquer est excellent en soi et excellent dans ses conséquences. L'énergie, la volonté, la
confiance en l'effort, la foi au labeur sont, en vérité,
les grands leviers avec lesquels on peut soulever le
monde. Depuis que l'humanité existe, depuis qu'elle
est consciente, depuis qu'elle travaille, depuis qu'elle
évolue, depuis qu'elle s'élève, les hommes d'énergie,
d'action et de foi ont été les grands éducateurs des
peuples, les grands conducteurs des foules. Soit qu'on
se place au point de vue militaire, soit qu'on se place
au point de vue philosophique, soit qu'on se place au
point de vue scientifique, l'on voit partout, ouvrant
la voie, forçant les obstacles, marchant en avant, les
hommes intrépides, les hommes déterminés.

Il n'est pas de plus haute philosophie, ni de plus
belle vérité. Il n'en est pas de plus féconde. Mais il
faut bien s'entendre: les deux mots « calmly wait »
ne doivent être acceptés dans leur sens philosophique.
Helen Wilman n'a jamais été un prédicateur de paresse. Elle a toujours été au contraire un prédicateur
d'énergie. Elle n'a cessé d'enseigner l'effort, le labeur,
l'action; de stimuler l'individu; d'en exalter les forces; d'en élargir les moyens. L'homme qui désire le
succès ne saurait l'attendre de l'immobilité et de
l'inaction. Le mouvement doit être tout à la fois le
principe et la loi de son développement. Comme Gar-
field l'a dit: « On n'attend pas la fortune, on marche
à elle ». On y marche même si on s'est engagé dans
une voie douteuse, si on n'a pas pris la ligne droite,

si par sa faute, on a multiplié les obstacles, accrû les
difficultés. Les batailles de la vie ont, elles aussi, leur
stratégie; ce n'est pas en fuyant qu'on les gagne, c'est,
au contraire, en prenant une offensive hardie et résolue. Marcher droit à l'ennemi a toujours été le meilleur moyen de vaincre, et le secret du succès c'est, en
somme, le secret du courage. Mais l'intrépidité n'est
point nécessairement la violence ou l'irréflexion et
les hommes les plus résolus ne sont ni les moins pré-
voyants ni les moins méthodiques. Ils conçoivent d'a-
bord, ils examinent ensuite, ils agissent enfin. Leur
conduite tient tout à la fois de la médiation et de
l'action. Ils ne livrent jamais au hasard que ce qu'il
leur est possible de prévoir. Si l'espace et le temps
nous le permettaient nous insisterions davantage sur
cette question, mais nous en avons dit assez pour éclairer nos lecteurs. D'ailleurs, l'expérience finira de les
instruire et de les convaincre. Nous leur demanderons
seulement d'appliquer avec méthode, avec logique,
avec constance, les principes que nous leur avons indiqués et de se livrer à toutes les expériences que nous
leur avons suggérées. A ce prix, nous pouvons leur
garantir le succès.

LE CARACTÈRE FORMÉ PAR LA VOLONTÉ.

Ceux de nos lecteurs qui ont suivi avec attention les leçons précédentes sont arrivés certainement à cette conclusion: « Oui, tout cela est vrai et il n'est pas douteux, en effet, que nous puissions réaliser les résultats indiqués si nous avons les qualités d'esprit et de caractère qu'ils exigent; mais ces qualités nous sont absolument indispensables et nous devons les apporter en naissant ». Il n'y a rien en vérité de plus dangereux et de plus faux que ce fanatisme. A se croire sans action sur soi-même on ne tarde pas à s'abandonner; le caractère s'amolit, l'énergie s'émousse, la dignité elle-même se voile et s'efface. Il faut réagir contre cette tendance, contre cet état d'esprit qui aboutit nécessairement à l'abdication et conduit au désespoir.

L'homme n'a point été jeté dans la vie sans armes. Il a reçu en don la volonté et, par elle, il est maître de sa destinée. Par elle, il peut la diriger dans tel ou tel sens, la conduire vers tel ou tel but, lui donner telle ou telle signification.

Quels que soient les milieux que l'on considère et les hommes que l'on interroge, cette vérité apparaît universelle.

En affaires, par exemple, ce sont les qualités de l'esprit, les attributs du caractère, les tendances du tempérament qui déterminent le succès. C'est l'énergie, c'est le courage, c'est la confiance, c'est l'ambition. c'est l'obstination qui conduisent l'homme à travers une alternative de succès et de revers, au but final et lui permettent de résister aux circonstances et aux événements. C'est par toutes ces qualités, qui sont éparses en lui et que la volonté rapproche et coordonne, qu'il peut combattre le mal et en triompher. Un homme qui en serait entièrement dépouillé ne serait plus qu'un jouet entre les mains du destin. Il ressemblerait à ces épaves que le flot ballotte et que le vent jette, pour les briser, contre quelque récif de hasard. Le moindre accident le désemparerait; le moindre choc l'anéantirait.

Mais, à vrai dire, un homme qui serait tel que nous venons de le supposer ne serait pas un homme. Il ne serait qu'un fantôme, qu'un spectre à la merci du hasard. Dieu n'a pas voulu marquer de tant d'impuissance et couvrir de tant de dérision le chef-d'œuvre de sa création, celui dont il a fait le maître du monde, le roi de l'univers. Il a mis en lui une parcelle de son génie, une étincelle de sa toute-puissance, un rayon de sa divinité.

Mais ces dons supérieurs, ces vertus souveraines ne sont point également répandus et développés chez tous les hommes. Les uns les possèdent dans leur plénitude; les autres ne les ont qu'à l'état de germe. Chez les uns aussi telle qualité domine; chez les autres telle vertu l'emporte. C'est à l'homme lui-même d'assurer, par l'intelligence et la volonté, le développement harmonieux de tous ces dons, l'équilibre de toutes ces facultés.

Le Magnétisme n'a pas d'autre objet et, pour le remplir, il ne compte que sur l'individu lui-même. L'ayant éclairé, il lui demande d'agir; l'ayant instruit de ses faiblesses et de ses tares, il lui donne le moyen de s'en débarrasser. Par lui l'homme devient son propre médecin. Il se tâte, il s'ausculte, il s'étudie et quand il a découvert les sources du mal, il s'applique à le guérir par les remèdes appropriés. C'est ainsi que l'un fait appel à l'énergie, que l'autre s'adresse à l'ambition, qu'un troisième se réconforte de l'espérance ou de l'enthousiasme.

Dans ce traitement qui restaure la santé morale, la volonté ou, si l'on veut, l'entendement, joue un rôle considérable.

Un grand poète français faisant d'un homme du midi une psychologie pénétrante a dit qu'il portait en lui, dans l'obscurité de sa conscience, dans l'intimité de son être, toute une foule confuse. Il aurait pu le dire aussi bien de l'homme du nord, de l'homme de tous les pays, de l'homme de tous les temps, car il est bien vrai qu'en chaque être humain s'agite comme une multitude et que de cette multitude la volonté est le meneur. C'est donc elle qui examine, qui réfléchit, qui délibère et qui donne à l'acte son sens spécial, sa tendance caractéristique.

Tous, plus ou moins, nous vivons sous l'empire de certaines habitudes, d'une certaine manière de penser et d'être. C'est ce qui nous donne une physionomie, une personnalité. Il semble que par les tendances de notre caractère, et mieux encore, par l'éducation que nous avons reçue, nous soyons orientés vers telle ou telle direction. Et quand nous nous sommes ainsi ouvert une voie ou qu'on nous l'a tracée, nous aimons mieux la suivre — même si nous la sentons mauvaise — que de nous en ouvrir une autre.

En réalité, l'homme est un être à tendances passives. Les responsabilités le gênent, les initiatives l'ennuient, les innovations l'effraient. Abandonné à ses propres goûts, à ses propres inclinations l'on peut être sûr que neuf fois sur dix, il s'engagerait dans les sentiers battus de la routine, dans les voies faciles du préjugé et de l'erreur. Sa philosophie, en somme, est toute d'imitation et de résignation. Il suit d'instinct ce qu'on a fait avant lui; il accepte, il subit tout ce qui se présente avec l'autorité du temps, avec la force de la tradition.

Le Magnétisme n'admet point cette sorte de fétichisme. Il revendique pour l'individu l'indépendance et pour lui-même la liberté.

Comme la vie est complexe et la destinée humaine redoutable, il ne veut ni s'en interdir l'examen, ni en supporter le joug. Voilà pourquoi ses méthodes sont hardies et ses procédés tout d'énergie et d'action.

Nous avons déjà expliqué que l'esprit est double et que les deux fonctions qu'il exerce sont absolument opposées. Par la fonction active, il pense, il médite, il se détermine; par la fonction passive, il exécute les décisions qu'il a prises. La fonction passive quoique inférieure en apparence nous domine en réalité; c'est elle qui dirige nos efforts et soutient nos actes. Si vous voulez acquérir une vérité ou éprouver un sentiment, vous aurez à en manifester la volonté assez fortement pour que la fonction passive en soit comme entraînée. C'est donc par cette dernière que vous agirez en fin de compte, puisque c'est par elle que vous exécuterez les résolutions que vous aurez prises ou les desseins que vous aurez conçus.

Pour rompre avec de mauvaises habitudes et pour leur en substituer de meilleures, plusieurs plans peuvent être suivis. L'un consiste à faire appel directemnt à la volonté; l'autre à se laisser suggérer par un expérimentateur autorisé; le troisième à se soumettre au phénomène de l'auto-suggestion qui est déterminé, comme on le sait, par l'action directe de l'esprit actif sur l'esprit passif. Enfin, le quatrième consiste à ce que nous appellerons « l'Absorption de la Pensée ».

Se débarrasser de ses mauvaises pensées en faisant appel à sa volonté seule est, comme chacun le sait, un résultat toujours difficile à acquérir. Tous plus ou moins nous en avons fait l'expérience et nous savons que les hommes d'énergie exceptionnelle ont, seuls, quelque chance de réussir. Pour les hommes ordinaires, les efforts qu'ils tentent dans cette voie sont presque toujours inutiles. Quand le résultat, exceptionnellement se produit, il est amené par l'accroissement progressif de la volonté ou, plus exactement, par l'élargissement de la fonction active qui envahit la fonction passive et la domine. Mais, nous le répétons, un tel résultat est rare et il vaut mieux chercher à l'obtenir par d'autres méthodes.

La méthode suggestive a été suivie par un très

grand nombre d'opérateurs avec le plus grand succès. Mais il importe que l'opérateur soit de grande
expérience. C'est ici que l'on peut dire que la méthode ne vaut que par l'homme qui l'utilise.

La troisième méthode, qui repose sur l'auto-suggestion, est souvent recommandée. Elle est, en effet,
excellente. L'on peut même dire qu'il n'en est pas de
meilleure lorsqu'elle est accompagnée de ce que nous
avons appelé plus haut « l'Absorption de la Pensée ».
Dans cette méthode, l'opérateur se borne simplement
à se persuader que les nouvelles habitudes qu'il veut
acquérir existent déjà. C'est, comme vous le voyez,
un fait d'auto-suggestion, c'est-à-dire de suggestion
sur soi-même.

Quant à la quatrième méthode — qui diffère peu
de la précédente — elle consiste simplement, pour
l'opérateur à se placer dans un état d'esprit aussi
passif que possible et, dans cette position, à faire appel à toutes ses ressources d'imagination. La fiction,
qu'il crée alors, ne tarde pas à se changer en réalité
et à lui donner ce qu'il désire.

Selon nous, la combinaison des deux dernières méthodes de l'auto-suggestion et de l'absorption de la
pensée donne les meilleurs résultats possibles, quant
à la formation du caractère. Pour peu que l'on s'attache à cette méthode et que l'on y persévère, les effets
produits sont considérables. Les mauvaises habitudes
disparaissent peu à peu et les bonnes les remplacent.
Chaque jour amène une amélioration et chaque effort
produit on résultat.

Beaucoup de personnes rejettent ces deux dernières méthodes sous prétexte qu'elles sont trop faciles.
Pour elles le succès n'est point si simple et elles ne
sauraient l'attendre que des méthodes difficiles, que
des traitements compliqués. Il n'est pas de pire erreur
que cette opinion et nous ne saurions trop mettre en
garde nos lecteurs contre les dangers qu'elle présente.
D'ailleurs il est pour eux un moyen décisif d'éprouver
ces méthodes: c'est d'en faire l'application; nous ne
demandons rien de plus.

Ce conseil donné, nous nous permettons un court et pratique commentaire de ce sentiment qu'on appelle la crainte. Nous dirons qu'il n'en est pas pour l'homme de plus mauvais, parce qu'il n'en est pas de plus contraire aux devoirs qui lui incombent généralement. La crainte, à vrai dire, paralyse l'initiative, amolit le caractère, endort l'énergie, dégrade tout l'individu. Des milliers de gens voient leur carrière brisée par elle. Ils avaient tout pour réussir: l'intelligence, l'ambition, la santé; mais une double force leur a manqué: le courage de vouloir et la force d'agir. S'affranchir de la crainte est donc pour l'homme qui veut réussir une nécessité impérieuse. C'est par cette libération qu'il se préparera à tous les devoirs qui lui incombent, à toutes les responsabilités qui pèsent sur lui. Libre de déployer toutes ses ressources d'intelligence, d'énergie et de vigueur, il se trouvera en toutes circonstances à la hauteur de sa tâche. Il ne craindra pas d'agir, il ne s'effraiera pas d'avancer. Il se souviendra que la vie n'est, en somme, qu'une lente ascension vers un but un peu vague et que l'homme, qui demeure en chemin, ne remplit ni sa tâche ni son devoir (1).

Mais ce n'est pas seulement contre le devoir que la crainte conspire, c'est aussi contre le bonheur. L'homme dont l'esprit est sans cesse assailli d'inquiétudes, ne peut jouir de rien. Possède-t-il une chose? Il craint

---

(1) A vrai dire, certains malades, moins bien favorisés que d'autres, éprouvent de sérieuses difficultés à parvenir d'eux-mêmes à l'idéal équilibre. Ils ne sont pas qualifiés pour la lutte. Leur volonté ne résiste pas à l'effort. Ils se découragent facilement. Leurs bonnes résolutions tôt disparaissent. Ils s'abandonnent dans une lutte inégale. La Nature les a mis en état d'infériorité. Ceux-là, qui supportent le poids d'une lourde hérédité, doivent-ils renoncer à obtenir la maîtrise d'eux-mêmes? Non. Mais ils ont besoin d'être aidés. Des conseils ne leur suffisent pas. Il faut donner à leurs organes les forces nécessaires. Il faut les affranchir, les libérer. Aidés, aidés puissamment, ces malades reviennent progressivement vers l'équilibre, vers la santé, vers la joie. Souvent, là où tout espoir semblait perdu, le miracle est possible. Au sujet de ces méthodes rééducatives et de ces guérisons, consulter l'œuvre de M. Henri Durville: *La vraie médecine*, *La médecine psycho-naturiste* (son application et ses succès dans la cure des maladies organiques, des troubles mentaux et sentimentaux; exemples de cures), *La transfusion vitale*, *Cours de Magnétisme personnel*, etc... (Henri Durville, imprimeur-éditeur).

de la perdre. En désire-t-il une autre? il désespère de l'obtenir. Sa vie n'est qu'un long cauchemar et ses nuits comme ses jours sont peuplés de fantômes. C'est de lui que l'on peut dire ce que le vieillard mourant disait de lui-même à son fils; « J'ai vécu quatre-vingts ans, Jean, et je n'ai eu que des ennuis dont la plupart ne me sont jamais arrivés ». Ce vieillard en vérité était un symbole; il l'est demeuré.

Pour revenir à notre sujet, nous supposerons que vous, lecteur, vous êtes dominé par la crainte et que vous voulez pour vous en débarrasser essayer l'une des quatre méthodes que nous vous avons recommandées: Vous ferez appel d'abord à votre volonté et vous vous direz énergiquement: « Je veux me débarrasser de la crainte et je la somme de disparaître ». — Nous ne jugerons point cette méthode; chacun la connaît, chacun l'a tentée. C'est la méthode héroïque.

Vous essaierez ensuite la méthode suggestive; vous vous ferez influencer par quelqu'expérimentateur habile. Vous vous efforcerez de lui donner le plus de chances possibles d'agir sur vous et de vous déterminer dans le sens qu'il veut et que vous désirez vous-même. Une sorte d'amollissement physique et d'abandon moral seront, de votre part, nécessaires. Etendu sur une chaise-longue ou assis dans un bon fauteuil, vous vous prêterez sans résistance à toutes les suggestions d'énergie, de courage, de volonté et d'audace qu'il vous donnera. Si vous êtes dans quelques dispositions particulières ou si vous avez dans la physionomie, dans le caractère quelques traits exceptionnels, quelques tendances caractéristiques, l'opérateur en devra tenir compte et vous traiter en conséquence.

Les résultats dont cette méthode est susceptible peuvent être merveilleux. Nous-mêmes, nous en avons obtenu de remarquables sur des personnes qui paraissent au premier abord absolument réfractaires à toute influence, à toute action extérieure et dont l'hostilité à nos idées, à nos méthodes, n'avait jamais cessé d'être militante.

Vous ne négligerez pas non plus l'auto-suggestion.

Mais, pour cette méthode, il faut, de votre part, un commencement de croyance et une absolue bonne foi. Vous vous direz: « Je suis sans crainte, je me suis libéré de la peur, j'envisage l'avenir avec confiance. Je ne redoute rien, parce que je me sens fort et que je puis tout combattre. Tant mieux si la vie n'est qu'une longue lutte. Elle me permettra d'avoir du courage et d'en jouir ».

Vous vous ferez toutes ces suggestions avec tout autant d'ardeur que si vous les faisiez à d'autres. Vous vous dédoublerez pour ainsi dire. Votre « esprit actif » sera l'opérateur, votre « esprit passif » le sujet et celui-là devra agir sur celui-ci avec toute la force de volonté, toute l'énergie de résolution dont vous êtes capable.

Il se pourra que si docile que soit en général « l'esprit passif », le vôtre cependant résiste et que les suggestions dont vous voulez l'imprégner ne le touchent point. En ce cas, il vous faudra de la persévérance. Un, dix, cinquante échecs ne devront pas vous décourager. Vous devez au contraire déployer d'autant plus d'énergie que vous vous heurterez à plus de résistance. Le résultat sera dès lors inévitable. Vous ne tarderez pas à vous débarrasser de vos maùvaises habitudes et de vos tristes pensées. Un rajeunissement, une rénovation se fera dans tout votre être et vous aurez, avec la sensation de forces nouvelles, la vision d'une vie plus large, plus féconde et plus heureuse.

Enfin, si vous voulez recourir à la quatrième méthode, à la méthode que nous avons indiquée sous le nom de « l'Absorption de la Pensée », vous aurez à vous placer dans les mêmes conditions de repos, de calme et de passivité que si vous deviez vous soumettre à un opérateur ordinaire. Le plus vous pourrez vous dépouiller de votre personnalité physique, le mieux vous aiderez au succès de l'expérience. Une résistance quelconque la rendrait, sinon impossible, du moins malaisée.

Dans cet état d'absolu repos et de complet abandon,

vous pourrez influencer très rapidement votre « esprit passif ». Il vous suffira à cet égard de dire: « Je suis sans crainte et je veux y rester » en même temps que de donner libre cours et pleine force à votre imagination en vue de l'évocation, sous une forme concrète, de l'état d'esprit où vous voulez être et où vous supposez que vous êtes déjà.

Dans ces conditions, le phénomène de la concentration se produira plus facilement en vous et vous en éprouverez plus rapidement les pleins effets. Mais vous ne devez pas vous borner à un effort provisoire. L'expérience, pour être décisive, exige le secours d'une fiction prolongée. C'est en vous représentant avec persistance l'état dans lequel vous voulez être que vous finirez par l'acquérir. Les sujets qui se soumettent à cette épreuve sont un peu comme les acteurs qui paraissent sur la scène. Il importe qu'ils soient convaincus, qu'ils se représentent bien leur rôle, qu'ils « vivent leur personnage ». Car ici l'illusion est créatrice. Elle fait surgir la vérité, elle fait jaillir la vie (1).

Mais ce résultat ne vas pas sans étude. De nombreuses expériences seront nécessaires et vous ne pourrez sous aucun prétexte vous y soustraire. Qu'à ce propos il nous soit permis de vous donner quelques conseils, de vous recommander quelques exercices:

Exercice 1. — Choisissez pour votre expérience, pour votre traitement, un endroit retiré et solitaire. Il importe avant tout de soustraire votre esprit aux bruits extérieurs, aux mouvements de la rue, aux agitations du dehors.

Exercice 2. — Puis étendez-vous sur une chaise lon-

---

(1) Cette forme d'auto-suggestion émotionnelle est à la base du système éducatif enseigné par M. Henri Durville. C'est en faisant comme l'artiste, en jouant son rôle, qu'on arrive progressivement à fixer en soi-même les traits caractéristiques qu'on désire acquérir. Pour ample détails, se reporter au *Cours de Magnétisme personnel* de M. Henri Durville (6e édition). Le chapitre de ce livre qui a trait à l'auto-suggestion émotionnelle a été tiré à part, sous ce titre: *Je veux réussir!* (la formule du succès). — Henri Durville, imprimeur-éditeur.

gue ou sur un fauteuil de façon à avoir le plus d'aise et de confort possible et, dans cette position, détendez-vous. Plongez-vous, amollissez-vous comme si vous vouliez vous affranchir, vous dégager de votre enveloppe charnelle. Cela fait, respirez avec autant de lenteur et de profondeur que possible et ne cessez ces exercices de respiration que lorsque vous aurez acquis cet état d'esprit qui est le parfait repos et l'absolue sérénité.

Exercice 3. — Concentrez toute votre attention sur vous-même et maintenez-vous dans cet état de recueillement, aussi longtemps que possible.

Exercice 4. — Fixez alors votre pensée sur ces deux mots: « Sans crainte » et cherchez à vous en représenter la forme graphique. Puis passez de l'image à la signification et représentez-vous ce que peuvent être les caractéristiques d'une personne qui est dans cet état.

Exercice 5. — Imaginez-vous en possession de la qualité que vous voulez acquérir et agissant sous l'empire de cette qualité; considérez-vous, dans cet état, en relations avec les autres hommes et cherchez à analyser ces relations; en un mot, soyez dans l'état d'esprit d'un homme qui après avoir fait un rêve, le vit, et se donne, pour agrandir sa vie et ennoblir sa nature, de hautes impressions, de fortes sensations et de grands sentiments. Il arrivera presque toujours que votre état général se transformera et que votre personnalité se dégagera du milieu gris et terne qui l'enveloppe. Vous serez alors tel que vous aurez rêvé d'être et votre « moi » aura pris la forme précise et la « structure morale » que vous aurez ambitionnées pour lui.

Exercice 6.— Répétez ces exercices aussi souvent que possible. Chacun d'eux est comme la goutte d'eau qui tombe sur la pierre. Leur action, lente mais sûre,

finit toujours par avoir raison des vieilles habitudes
et des tendances rebelles. Pratiquez ces exercices de
préférence le soir, au moment où vous arrivez dans
votre chambre, ou la nuit à vos heures d'insomnie, ou
de demi réveil, lorsque votre esprit, replié pour ainsi
dire sur lui-même et à demi assoupi, est prêt à recevoir toutes les empreintes et toutes les suggestions.
Ne craignez point que ces exercices vous fatiguent. Ils
vous faciliteront au contraire le repos. En calmant vos
nerfs, en apaisant votre esprit, ils vous conduiront
tout doucement au sommeil, tout droit au rêve.

Dans les développements précédents, nous avons
souvent employé le mot « Fearless » pour marquer les
procédés qui doivent conduire à « l'Absorption de la
Pensée ». Il faut bien se garder de croire que ce mot
est le seul dont on puisse faire usage. La réalité le
mot qui convient est celui qui exprime la qualité que
vous voulez acquérir. Etes-vous par exemple indolent,
apathique, et voulez-vous changer votre nature? Vous
aurez recours au mot énergie et pendant toute la durée de vos expériences, vos pensées devront se fixer
sur ce mot et en imaginer, pour s'y mieux tenir, comme une forme graphique. Nous pourrions en dire autant des mots bonté, courage, désintéressement, qui
pourront, selon les défauts de votre caractère, inter-
venir dans l'expérience. Dans tous ces exercices, ne
vous laissez point dominer par les défauts qui vous
accablent. Ne songez qu'aux qualités — qui sont leur
contraire — que vous voulez acquérir. Quand une
chambre est pleine de ténèbres, vous n'en saisissez
pas l'obscurité comme un bloc et vous ne la jetez pas
dehors. Vous appelez simplement la lumière. Vous
ouvrez les persiennes, vous levez les rideaux et le
soleil, à grands jets, à grandes nappes, filtrant à travers les vitres, pousse l'ombre devant lui, l'expulse
de partout et fait régner la clarté et la joie là où ne
régnaient que la nuit et la mort. De même pour l'esprit. Vous n'avez point à vous préoccuper des pensées ténébreuses et tristes qui l'obstruent. Vous n'a-
vez qu'à faire appel aux idées lumineuses, aux for-

ces vibrantes et joyeuses que sont la force, le courage et la bonté; et votre esprit rayonnera soudain de toutes les clartés, de toutes les joies de la vie. Votre nature grossière, pareille à une chrysalide, aura brisé son enveloppe et se sera ouvert soudain à la beauté, à l'idéal.

Est-il besoin de dire que ce résultat ne sera pas instantané et qu'il exigera, au contraire, bien de lents efforts, bien des expériences variées? Vous ne devrez pas toujours vous en effrayer et c'est de toute votre énergie, de toute votre intelligence, de toute votre volonté que vous travaillerez à votre émancipation.

Votre destinée est entre vos mains. Ne l'oubliez jamais. Et faites-la joyeuse et belle, pour l'exemple des autres et pour votre propre bonheur.

LA CONCENTRATION DE LA VOLONTÉ

Dans la conversation ordinaire nous employons fréquemment le mot « concentration » dans le sens de « resserrement », de « réunion » et pour indiquer une diminution de volume en même temps qu'un accroissement d'intensité. C'est pour donner un sens plus précis à l'opération qu'il a en vue que l'auteur a substitué dans le texte original le mot «cencentering» au mot « concentration ». Les lecteurs français qui sont familiers avec la langue anglaise saisiront aisément la nuance qu'une traduction permet difficilement de rendre. Tout ce que nous nous permettons de dire c'est que le mot « concentrer » peut aussi bien se traduire par l'expression « rapporter à un centre ».

Le mot « concentrer » est susceptible de deux sens: l'un général, que nous aurons l'occasion de définir; l'autre exceptionnel, sur lequel nous allons insister dès maintenant. Celui-là est appelé le sens « exotérique »; celui-ci le sens « ésotérique ».

Le sens, ou si l'on veut, l'idée exotérique consiste dans la concentration de l'esprit, de l'entendement sur une pensée ou une action déterminée, à l'exclusion de toutes les pensées, de toutes les impressions et, pour ainsi dire, de toute la vie extérieure.

L'idée ésotérique est la concentration de l'esprit, de l'entendement sur le « moi » intérieur, sur la personnalité intime et abstraite, sur tout ce qui fait de l'homme un être de pensée, de rêve et de mystère.

La première forme de la concentration est particulièrement précieuse pour l'homme dans sa vie ordinaire, dans l'accomplissement de ses devoirs quotidiens, dans ses luttes ininterrompues, dans ses innombrables assauts contre le destin. Elle est comme une arme précise, un instrument tranchant qui lui permet d'abattre les obstacles et de s'ouvrir la voie.

La seconde forme de la concentration est plus spécialement utile pour les hommes de méditation, de pensée pure, de rêverie intérieure qui vivent comme repliés sur eux-mêmes et que les émouvants problèmes de la destinée humaine passionnent et troublent.

Dans cette leçon, nous nous attachons exclusivement au côté positif du sujet, c'est-à-dire à la concentration exotérique.

La faculté de ramasser toute son intelligence, toute sa volonté, tout son entendement sur une pensée ou une action déterminée est une des plus précieuses que l'homme puisse posséder. C'est ce qu'on exprime communément en disant « que l'on se donne corps et âme à un travail », ou encore « que l'on ne veut faire qu'une chose à la fois pour la faire bien ». Tous, nous sommes familiers avec l'exemple du peintre qui n'a réussi dans son tableau que parce qu'il y a mis « une partie de lui-même », ou du mineur qui n'est arrivé au bout de son filon que parce qu'il s'était attaché lui-même « au bout de son pic ».

Il n'est pas douteux, en effet, que la moindre action est bien plus aisée et aussi bien plus agréable, si nous savons l'imprégner de notre volonté et lui donner toute l'intelligence dont nous sommes capable.

L'homme qui sait prendre un intérêt dans son travail et trouver un plaisir véritable dans sa tâche de chaque jour est évidemment celui qui produit le plus et qui vit le plus heureux. Il ne connaît ni l'ennui, ni la lassitude, ni le dégoût, ni l'abêtissement. L'homme qui a sans cesse les yeux sur la pendule ou qui suspend constamment son pic dans l'attente de la cloche n'est qu'une pauvre et misérable machine à qui sont également défendues les joies de l'action et les satisfactions du devoir. Les travailleurs d'intelligence

active et de conscience éclairée, sont donc doublement
précieux. Ils le sont par le résultat qu'ils produisent
autant que par l'exemple qu'ils donnent. En accroître
le nombre, en stimuler le zèle, en multiplier les moyens
c'est donc incontestablement travailler au bien commun.

Mais la concentration peut-elle jouer véritablement
un rôle à cet égard? Assurément. Car la concentration
n'est en réalité que l'intérêt du cerveau, de l'intelligence ramassée sur un point déterminé. L'homme qui
se livre chaque jour à ces exercices se dégage de plus
en plus de la vie extérieure, se soustrait aux mille
distractions qui sollicitent son esprit, se libère des
nombreuses actions qui s'exercent extérieurement
sur lui et augmente par là ses possibilités de travail
et sa capacité de rendement. De tous les hommes qui
ont réussi, qui sont « arrivés », il n'en est aucun qui
se soit livré d'abord, consciemment ou inconsciemment, à ces exercices de concentration. C'est par là
qu'ils ont forgé leur volonté, qu'ils ont aiguisé leur
intelligence et qu'ils se sont rendus capables d'un effort prolongé, d'un labeur soutenu et d'un résultat
supérieur. L'art de se « concentrer » est donc indis-
pe..sable au succès. Voilà pourquoi nous, qui avons
pour objet la réussite et qui nous proposons d'aider
efficacement l'homme dans ses multiples entreprises,
nous le recommandons avec instance. Que nos lecteurs
l'essayent: qu'ils s'y tiennent pendant quelque temps.
ils ne tarderont pas à en éprouver les heureux effets.
Il arrivera invariablement que s'ils se concentrent sur
un objet déterminé, s'ils ramassent autour d'eux-mêmes toute l'énergie, toute la volonté dont ils sont susceptibles, le succès sera leur récompense. Les résultats auxquels ils seront arrivés auront presque toujours dépassé leurs prévisions et ils auront cette impression, faite de fierté et de joie, qu'ils ont produit
quelque chose, qu'ils ont affirmé leur personnalité,
qu'ils ont rempli tout leur rôle, ce n'est pas d'eux
qu'on pourra dire qu'ils ont servi exclusivement au
dessein des autres et qu'on s'en est servi comme au-

tant de « paillassons » pour arriver plus vite et plus aisément au but poursuivi.

Il va sans dire également que ceux qui se rendront ainsi capables du plus grand labeur et du travil le plus difficile seront particulièrement recherchés. Les offres flatteuses, les propositions agréables leur vieńdront de toutes parts. Ils arriveront sans difficultés aux meilleures situations; ils rempliront les meilleurs emplois; ils toucheront les meilleurs salaires; ils seront, en un mot, des privilégiés.

Mais ce n'est pas du premier coup qu'ils atteindront ce résultat. L'homme se transforme difficilement. Lié par des habitudes, dominé par des instincts, il ne peut se libérer qu'à force de persévérance, de volonté et de courage. Que nos lecteurs donc ne se laissent point rebuter par les difficultés de la tàche à laquelle nous les convions. Qu'ils soient énergiques, qu'ils se montrent résolus, qu'ils aillent droit au but. Le succès sera leur récompense. Le travail, l'effort sur soi, la volonté d'agir sont en vérité infiniment plus dignes et plus féconds que les gémissements, les plaintes stériles, les protestations sans issue. A dénoncer constamment l'injustice, on ne la supprime pas. A se révolter sans cesse contre le sort, on ne le subjugue point. C'est par l'effort, l'énergie, le courage et la lutte qu'on triomphe. Et les hommes de succès sont précisément ceux-là qui conçoivent la vie et qui envisagent la destinée d'une manière virile.

Le grand ennemi de l'homme c'est la paresse. Beaucoup vivent dans un état perpétuel d'attente et de somnolence. Ils trouvent insuffisant tout ce qu'on leur offre et mauvais tout ce qu'on leur conseille. Ils ne désirent, ils ne veulent que ce qu'ils ne peuvent obtenir. Ils passent leur temps à rêver de chimères. La réalité les blesse, la vie les dégoûte, le travail leur répuge. Ils s'absorbent en une contemplation sans objet, en une rêverie sans but. Leur Eden est un pays où l'on est dispensé de tout effort et d'où le travail est banni. Le Ciel pour eux, c'est l'immobilité, la vie langoureuse et figée. Ils ne s'aperçoivent point que

le travail est la grande loi universelle; que la nature
est en perpétuel mouvement; que tout évolue; que
tout se transforme; que tout donne le spectacle du
mouvement, de l'action et de la vie.

C'est contre cet état d'esprit que le Magnétisme
veut réagir. C'est pour insuffler l'activité, l'amour du
travail, la fièvre de l'action qu'il cherche à saisir et à
pénétrer les masses. C'est pour les arracher à la somnolence, à l'amollissement, au « non-être » qu'il s'attache de préférence aux êtres résignés, aux créatures
passives, aux hommes les plus primitifs.

Qui oserait contester la noblesse de son but, la
grandeur de son idéal? Y a-t-il dans l'histoire un seul
penseur, un seul philosophe vraiment digne de ce nom
qui ait jamais recommandé la passivité, la résignation, la paresse? Y a-t-il un seul, qui n'ait donné la
loi du travail comme la loi souveraine et émancipatri-
ce, comme la raison d'être de l'homme, comme le
fond même de sa mission.

Travaillons donc lecteurs! Prodiguons-nous, répan-
dons-nous, marchons de l'avant, que rien ne nous dé-
courage, que rien ne nous arrête, que rien ne nous ef-
fraie et que, par des efforts intrépides et un labeur
inlassable, nous montrions à tous le droit chemin et le
vrai but.

L'homme qui est capable de ramasser sa pensée sur
un point donné et de déployer toute son énergie en
vue d'un but précis est à l'abri du découragement, du
désespoir, du pessimisme. Celui-là est fait pour agir
sur les autres, pour prendre une position supérieure,
pour atteindre un rang élevé, pour donner l'exemple et le mot d'ordre, et grouper autour de soi les énergies incertaines et les volontés irrésolues.

Voilà pourquoi de tous les chapitres qui se trouvent
dans ce livre, celui-ci est un des plus importants. Que
nul ne néglige les exercices qu'il contient, que chacun
les suive avec méthode, avec persévérance, avec obstination.

C'est par là qu'il se débarrassera de toutes les pensées démoralisantes qui l'assiègent, de toutes les ac-

tion funestes qui le sollicitent. Alerte, prompt, vigou-
reux, résolu, on le trouvera toujours aux premiers
rangs, aux postes d'avant-garde: et dans cette grande
bataille qu'est la vie, il donnera sans cesse l'exemple
du courage et du devoir. Nulle épreuve, nul chagrin,
nul malheur n'auront raison de son énergie. Son
« fighting spirit » sera irépuisable et dans toutes les
grandes circonstances où il aura à prendre parti contre le destin, il s'y montrera à la hauteur des circonstances, supérieur à sa tâche, supérieur à lui-même.

S'il est mêlé aux affaires, s'il a de grandes responsabilités, si son rôle est divers, multiple, difficile, il
saura par la force de concentration dont il est susceptible avoir raison des plus grandes difficultés et
des obstacles les plus redoutables. L'un après l'autre,
il les abattra; et sur les grands chemins qu'il aura
su s'ouvrir, sous les immenses horizons où son courage pourra se déployer, il marchera vers la fortune, vers
le devoir, vers le bonheur. Mais l'énergie n'est pas l'im-
prévoyance et l'homme de résolution n'est point l'homme qui se disperse. C'est, au contraire, l'homme qui
se concentre, qui se ramasse en vue d'un résultat déterminé. Bien loin d'embrasser toutes les difficultés
à la fois, il les série, il les décompose, il les subordon-
ne les unes aux autres. Ses élans sont résolus mais
limités, il ne se laisse point entraîner sur les ailes de
la chimère, il marche solidement sur le terrain de la
réalité, passant d'une pente à une autre, d'un sommet
au suivant sans s'arrêter, sans se décourager jamais.

De toutes ces considérations, nous tirerons cette
conclusion pratique: « Faites, lecteurs, tout ce que
vous êtes capables de faire. Soyez intrépides, soyez
ardents; soyez inlassables ».

Soyez pratiques aussi et ne vous écartez jamais des
méthodes logiques et des procédés sensés. Ne cessez
pas de vous « concentrer », de ramener toujours votre
pensée, votre énergie, votre volonté à une sorte de
foyer, d'entretenir ce foyer et d'en obtenir tout le
rayonnement possible.

Ne vous écartez pas non plus des exercices que nous

vous avons indiqués; ne cherchez point à les compliquer ou à les élargir. Les larges programmes ne sont pas les plus féconds. C'est en explorant non pas de vastes horizons mais des espaces limités qu'on aboutit aux découvertes. L'homme qui va trop vite ou qui marche au hasard ou qui veut s'élancer dans toutes les directions à la fois se fatigue ou s'épuise sans profit. Les meilleurs explorateurs sont ceux qui restent dans leur ligne, qui y persévèrent, qui y avancent obstinément. Une étape franchie vous permettra d'en entreprendre une autre. Une difficulté résolue vous conduira à la solution d'une nouvelle. Et de résultat en résultat, vous finirez par atteindre l'objet désiré, le but poursuivi.

Il ne nous reste qu'un dernier point à développer avant de passer à un autre ordre d'idées; c'est celui relatif au repos mental et physique. L'homme est, par essence, un être limité. Ses moyens sont bornés et sa capacité de pouvoir et de produire restreinte. Le repos lui est nécessaire. La méthode de concentration que nous venons d'exposer, le lui assure et par là elle peut ajouter aux bienfaits que nous avons déjà indiqués. Si vous êtes physiquement épuisé par un long effort ou par un labeur excessif, il vous suffira de vous asseoir dans une chaise ou dans un bon fauteuil et de vous détendre. Vous en recueillerez un bénéfice immédiat. Vos muscles se détendront, vos nerfs s'apaiseront et tout votre être sera comme noyé de langueur. Mais, en même temps, votre pensée, en se ramassant sur un des objets que vous avez en vue, sur un des desseins que vous poursuivez, vous facilitera la tâche du lendemain et en assurera le succès. Vous serez moins exposé aux accidents, aux aventures, aux abîmes où l'homme peut si facilement rouler et votre marche se poursuivra sans encombre. C'est ainsi que vous aurez tout à la fois travaillé à votre repos et à votre intérêt, puisque sans fatigues nouvelles vous aurez préparé les efforts ultérieurs et les étapes successives qu'il vous reste à accomplir. Comme l'homme qui se récrée d'un jeu par un autre, d'une occupa-

tion par une autre, vous vous serez récréé d'une pensée par une autre. Chaque pensée, en effet, qui agit
affecte une cellule de votre cerveau. Si donc l'action
qu'elle exerce sur celle-ci se prolonge, la cellule ne
tarde pas à connaître non seulement la fatigue, mais
l'épuisement. Il importe donc que les pensées se succèdent pour que les cellules cérébrales alternent dans
leurs exercices, dans leur fonctionnement. Il se peut
que l'une des cellules que vous avez affectées ait une
tendance à poursuivre son travail, mais si vous êtes
capables de vous « concentrer », vous n'aurez aucune
peine à la retenir, à l'immobiliser, et, au bout de quelque temps, il y aura pour elle complète détente, c'est-
à-dire complet repos. C'est exactement ce qui se passe
lorsqu'après une longue journée d'efforts et de sou-
cis, vous prenez, pour vous distraire, un roman intéressant. La lecture de ce roman ne va pas sans fatigue évidemment, mais cette fatigue affecte non pas les
cellules cérébrales que vous voulez relever, mais celles auxquelles vous n'avez encore rien demandé. De
sorte que celles-là se reposent et se détendent pendant que celles-ci fonctionnent et se fatiguent. Et le
résultat final et le rétablissement d'une sorte d'équilibre, d'une sorte d'harmonie physique qui crée le
bien être et le repos.

Il ne nous reste plus maintenant qu'à donner à nos
lecteurs quelques conseils pratiques et qu'à leur indiquer une série d'exercices gradués et méthodiques,
mais nous voulons une fois encore insister sur ce
principe qui est le fondement de tout ce chapitre, à
savoir: que la concentration est comme le groupe-
ment, la fusion autour d'un objet déterminé de toutes
les ressources d'intelligence et de volonté dont l'homme dispose.

L'ART DE SE CONCENTRER

A.— « Se concentrer » c'est s'isoler de toutes les impressions extérieures, forcer l'attention, vaincre l'indifférence et dominer tout à la fois ses forces physiques et ses forces intellectuelles. Le corps, dans cette opération, doit être placé sous le contrôle direct de l'esprit; l'esprit, sous le contrôle direct de la volonté. La volonté constitue en elle-même une force suffisante pour se passer de tout concours et suffire aux divers emplois qu'on lui demande, mais l'esprit n'est par lui-même qu'une force très insuffisante et qui ne peut remplir l'objet qu'on lui assigne qu'autant qu'on le place sous le contrôle direct de la volonté. Ainsi fortifié par la volonté, l'esprit devient un foyer ou un réflecteur de pensées extrêmement ardent et toutes les vibrations qu'il projette ont une force d'extension et de pénétration considérable.

Dans les exercices qui vont suivre, nous nous occuperons tout d'abord de placer le corps sous le contrôle et sous la direction de l'esprit.

Le premier exercice, auquel il faut se livrer avant d'aborder les expériences importantes qui vont faire l'objet de ce chapitre, a pour objet de discipliner les mouvements musculaires. Il peut sembler à première vue très facile de contrôler et de diriger les mouvements musculaires, mais ce contrôle est au contraire extrêmement malaisé et nécessite toute une série d'expériences et d'efforts. Nous ne saurions trop recommander à nos lecteurs les exercices qui vont suivre.

A 1. — S'ASSEOIR ET SE TENIR IMMOBILE. La chose n'est point si simple qu'elle paraît. Vous aurez tout d'abord à vous défendre contre les mouvements involontaires de vos muscles et contre le besoin d'action qui semble être celui de tout notre organisme, mais un peu de persévérance vous permettra de discipliner vos muscles jusqu'à l'immobilité complète. Après quelques jours d'efforts méthodiques, il vous sera facile de réaliser les conditions de l'expérience. Vous pourrez vous asseoir tranquillement sur une chaise et y demeurer absolument immobile pendant un quart d'heure ou vingt minutes. Le meilleur conseil qu'on puisse donner à ceux qui s'entraînent, c'est de s'asseoir dans un bon fauteuil ou de s'étendre sur une chaise-longue, de s'envelopper d'autant de confort que possible, de se détendre, de s'amollir, de se dégager pour ainsi dire de toute son enveloppe charnelle et de rester dans cette position le plus longtemps possible. Un minimum de cinq minutes est absolument nécessaire. Cette expérience devra être reprise fréquemment. On ne la cessera que lorsqu'on aura atteint ce degré d'immobilité indispensable au succès des expériences qui vont suivre. Il sera bon de procéder avec méthode. Les premières expériences devront durer au moins cinq minutes, les suivantes au moins dix minutes et les dernières approcher un quart d'heure. Il sera difficile de les prolonger au delà de vingt minutes. L'homme a un si grand besoin de mouvement que ce serait forcer par trop sa nature de demeurer dans un état d'immobilité absolue pendant un plus long temps. Ceux de nos lecteurs qui se livreront à cet exercice préliminaire devront y apporter toute la persévérance et toute l'énergie dont ils sont capables; de rares exercices ou des exercices trop mous ne conduiraient à aucun résultat appréciable. Qu'ils se gardent toutefois de toute raideur. Il ne doit y avoir nul effort pour les muscles. Un relâchement de tout l'être physique s'impose d'une façon absolue. Quand on aura acquis dans cette voie une expérience suffisante, on pourra aisément, quel que soit l'état de

fatigue où l'on pourra se trouver, se reposer et se détendre; et comme les maladies sont presque toujours
amenées par un excès de fatigue, ou aura ainsi accru
d'une manière appréciable ses chances de santé.

A 2. — Tenez-vous droit sur votre chaise, la tête
ferme, le menton développé et les épaules aussi effa-
cées que possible. Elevez votre bras droit jusqu'à hauteur de votre épaule et dans le prolongement de celle-
ci. Tournez votre tête à droite en regardant l'extrémité de votre main et en maintenant votre bras dans
sa position horizontale pendant une minute au moins.
Faites la même expérience avec le bras gauche et
quand vous êtes arrivé à des mouvements précis et
aisés, augmentez-en la durée de jour en jour. Accrois-
sez-en le temps de une à deux minutes, puis de deux
à trois et ainsi de suite jusqu'à cinq. Si la paume des
mains est en-dessous, l'expérience vous sera plus facile. En fixant l'extrémité de vos doigts, vous pourrez
vous assurer également que votre bras est parfaitement tendu.

A 3. — Prenez un verre d'eau, tenez-le entre vos
doigts et tendez votre bras droit bien en face de vous.
Immobilisez-le autant que possible de manière à éviter à votre verre toute trépidation. Augmentez la durée de l'expérience de la manière et dans la proportion indiquées précédemment.

A 4. — Evitez, dans vos occupations quotidiennes,
les trop grandes tensions des muscles; donnez-leur
au contraire autant de relâchement et d'aisance que
possible. Que votre attitude soit souple, que votre démarche soit bien équilibrée, que tout dans votre personne respire la santé et la grâce. Les exercices mentaux vous aideront considérablement dans cet exercice; ils vous en faciliteront le succès; ils vous épar-
gneront bien des efforts inutiles et bien des expériences fatigantes. Du moment que votre esprit travaille-
ra, vos muscles et vos nerfs ne seront point tentés de

se raidir. Evitez les balancements de chaise inutiles qui font croire que l'on est attaché au fonctionnement de quelque machine épuisante. Ne rongez pas vos ongles, ne vous mordez pas les lèvres, ne roulez pas votre langue dans votre bouche pendant que vous lisez, que vous étudiez ou que vous écrivez. Ne clignez point de l'œil. Ne vous laissez pas aller à ces tressaillements de corps qui sont si fréquents chez les gens nerveux et qui conduisent si vite à la fatigue et à l'épuisement. Astreignez-vous à supporter les bruits soudains ou les chocs inattendus; ne sourcillez pas à une porte qui se ferme, à un livre qui tombe, à un verre qui se brise, etc. En un mot, soyez maître de vous-même au physique comme au moral.

B. — Les exercices précédents n'ont point d'autre but que de vous mettre à même de contrôler et de diriger vos mouvements musculaires involontaires et de les placer sous le contrôle de vos facultés actives. Les exercices qui vont suivre auront pour objet de vous mettre à même de placer vos mouvements musculaires volontaires sous le contrôle direct de votre volonté.

B 1. — Asseyez-vous en face d'une table, placez vos mains sur cette table, les poings fermés et les doigts tournés en dehors: puis déployez lentement votre pouce en surveillant le mouvement avec toute l'attention que vous apporteriez à un acte de la plus grande importance. Cela fait, ouvrez lentement votre premier doigt, puis votre second, puis votre troisième, puis votre quatrième, puis votre cinquième et refaites à l'inverse la même série de mouvements. Commencez par la main droite, continuez par la main gauche et alternez ces exercices jusqu'à ce que vous ayez donné à vos mouvements une très grande rapidité et une parfaite souplesse. De cinq minutes que doivent durer vos premières expériences, passez à sept, huit, neuf, dix minutes progressivement.

Cet exercice est extrêmement fatigant, mais vous

ne devez point l'abandonner sous prétexte de fatigue. La persévérance et l'esprit de méthode sont ici, comme en toute chose d'ailleurs, absolument nécessaires. En multipliant ces expériences, vous ne tarderez pas à vous apercevoir qu'elles sont plus faciles et moins épuisantes. Il arrivera même un moment où vous pourrez vous y livrer pendant des quarts d'heure sans éprouver la moindre fatigue. Ne manquez pas de surveiller alternativement le déploiement et la contraction de vos doigts. Tout l'intérêt de l'expérience est là.

B 2. — L'exercice qui va suivre est un des plus familiers. On a pu l'observer un peu partout. Il n'a d'ailleurs en général aucun objet précis. Il consiste à s'entrecroiser les doigts et à tourner lentement les pouces. Pendant toute la durée de l'exercice, l'attention du regard doit être concentrée sur ce mouvement.

B 3. — Placez la main droite sur le genou, les doigts de la main fermés, à l'exception du premier qui doit être allongé et tourné perpendiculairement au corps. Cela fait, remuez le doigt de droite à gauche et de gauche à droite en surveillant le mouvement avec toute l'attention dont vous êtes capable.

Ces exercices doivent être multipliés jusqu'au plein succès. Il vous est permis d'ailleurs de les varier à votre gré. Le seul objet dont vous avez à vous préoccupez est de donner à vos doigts un mouvement alternatif et régulier et de surveiller ce mouvement avec une attention tout à fait exceptionnelle. Il ne sera pas aussi aisé que vous vous l'imaginez de maintenir toute votre attention sur le mouvement de vos doigts. Elle cherchera sans cesse à se distraire et à se disperser. Il vous faudra par conséquent la ramener incessamment par un effort constant de votre volonté, vers son objet. Imaginez-vous, par exemple, que vous êtes un maître d'école et que votre attention est un élève distrait, difficile et rebelle et agissez en conséquence. Soyez vigilant, soyez énergique, soyez impitoyable. Maintenez, sous votre discipline, l'élève rebelle et ne lui tolérez aucun écart. Si vous procédez ainsi, vous ne tarderez pas à vous apercevoir que vos muscles sont plus dociles, que le mouvement en est plus régulier et que toute votre attitude dépend de votre volonté. Chacun de vos gestes, chacun de vos actes se placera de lui-même sous le contrôle de votre volonté et l'on admirera la grâce de votre allure et la souplesse de vos mouvements.

Les exercices que nous allons expliquer, ont pour but de vous permettre de concentrer toute votre attention sur quelque objet matériel en dehors de vous. Prenez un crayon, par exemple, et donnez-vous tout entier à cet objet. Considérez-le, retournez-le, pesez-le; demandez-vous quel en est l'usage, quel en est l'objet, quelle en est l'utilité, quelle en est la matière première, quel en est le mode de préparation, etc. etc. Ne vous laissez distraire par rien. Absorbez-vous dans la concentration de ce pauvre crayon. Imaginez que vous ne sauriez donner à votre vie un meilleur emploi ni un plus noble but que l'étude de ce crayon. Imaginez-vous, même, que le monde tout entier se trouve résumé dans ce crayon et que l'univers ne contient que lui et vous. Attachez-vous à cette fiction, persistez-y, immobilisez-vous-y et votre expérience réussira. Mais il ne faut point croire que son extrême simplicité soit un gage de succès. Il vous sera, au contraire, d'autant plus malaisé de la mener à bien qu'elle est plus élémentaire. On fixe difficilement toute sa force intellectuelle à un objet misérable et la vôtre cherchera sans cesse à briser les limites dans lesquelles vous l'aurez enserrée. Mais ayez de la volonté, de l'énergie, de la persévérance et vous réussirez. Ce succès sera pour vous une victoire infiniment plus appréciable que vous ne pensez, car elle aura réduit à une obéissance passive votre esprit et vous pourrez, dans les circonstances importantes où vous aurez à y faire appel, y compter d'une façon absolue.

L'exercice précédent doit être renouvelé chaque jour et il est bon que chaque fois il présente une particularité nouvelle. Gardez-vous seulement de prendre

comme but de votre attention un objet intéressant
par lui-même, car vous n'auriez pas en ce cas un effort suffisant à faire et le résultat éducatif que vous
recherchez ne serait point ou ne serait qu'incomplè-
tement réalisé. Le seul danger de cette expérience est
que votre esprit, ramené successivement sur une foule d'objets vulgaires, finira par n'en plus trouver aucun qui manque d'intérêt et cette facilité à rencontrer
l'intérêt partout vous dispensera de cet effort de volonté qui est indispensable à l'éducation et à l'assou-
plissement de l'esprit.

Les exercices que nous venons de décrire sont absolument suffisants pour votre propre éducation; il importe seulement que vous sachiez les varier et que
vous donniez ainsi à votre esprit une série d'objets autour desquels il pourra se concentrer successivement.
Il importe plus encore que ces exercices soient régu-
liers et que votre entraînement soit quotidien. Vous
ne serez jamais embarrassé pour trouver autour de
vous les objets qui vous seront nécessaires. Il vous suffira de les choisir.

Les exercices indiqués dans les leçons précédentes
peuvent être pratiqués par vous plus intelligemment
maintenant que vous comprenez l'avantage dont la concentration est susceptible. Vous pourrez « carry the
thought » avec plus de facilité, concentrer plus d'énergie dans vos suggestions et mettre plus de force dans
vos vibrations de pensée. Tout ira mieux; votre regard s'affinera davantage et les exercices auxquels
vous vous livrerez, en vue de la télépsychie, aboutiront
à un résultat infiniment plus efficace. C'est sans difficulté que vous arriverez à vous débarrasser de vos
mauvaises habitudes et à leur en substituer d'excellentes. Vous serez maître de votre corps comme de
votre esprit et toutes vos facultés serviront vos desseins. Le pouvoir que vous aurez gagné sur vous-même se manifestera tout aussi bien sur les autres.
L'homme qui est capable de disposer de lui-même et
d'en disposer d'une façon absolue est tout aussi capable de disposer des autres. En fait, il se heurte aux

mêmes résistances, aux mêmes difficultés et il les réduit, il les résout par les mêmes moyens. Nous ne saurions donc trop recommander à nos lecteurs l'exercice par eux-mêmes de leur esprit et de leur volonté. S'ils parviennent à assouplir l'un et à discipliner l'autre, leur puissance sera considérablement élargie. Ils verront leur influence s'accroître, leur action se développer et leurs chances de succès se multiplier.

CONCLUSION

— ——

J'ai la conviction que ceux qui nous ont suivi à
travers cette étude, ont eu l'intuition de la grande vérité qu'elle contient. Dans un ouvrage de ce caractère, nous n'avons pu évidemment qu'attirer l'attention de nos lecteurs sur les grands faits qui sont à la
base de « The Science of the Mind ». Nous n'avons
pu leur donner qu'un aperçu de la vérité, que soulever le voile, que dégager un coin de l'horizon. Mais
c'en est assez pour que nos lecteurs aient pressenti
les immenses espaces pleins de clarté et de lumière
qui se déroulent au loin. En un mot, notre ouvrage a
eu pour objet d'indiquer les problèmes, de dégager
les résultats plus que de développer les solutions. Il
fallait ou que nous restions sur le terrain de la
science pure ou sur celui de la vulgarisation populai-
re. Nous avons préféré ce dernier terrain. Nous avons
mieux aimé nous adresser au grand nombre que de
nous adresser à une minorité. Le bien ne veut que
par le champ qu'il couvre. Celui que nous avons réalisé n'est pas négligeable puisqu'il s'étend indistinctement à toutes les classes et à tous les esprits.

Si incomplète que soit notre étude, elle satisfera
cependant, nous en sommes sûr, la plupart de nos
amis. Ils auront saisi le côté pratique du sujet, ils en
auront compris les immenses avantages, ils se seront
familiarisés avec les exercices pratiques qu'ils comportent; ils n'en demanderont pas davantage. Ceux qui,

cependant, éprouveront le désir d'approfondir le sujet devront se reporter à des travaux plus conséquents (1).

Nous adressant à la grande majorité de nos lecteurs, nous leur disons, sous forme de conclusion, que les principes que nous leur avons indiqués, que les exercices que nous leur avons recommandés, que toute la science, en un mot, à la fois théorique et pratique que nous leur avons laissé entrevoir, peut avoir sur leur conduite, sur leur action, sur leur bonheur, sur leur destinée, une influence décisive. Elle leur donnera un sentiment de leur individualité qu'ils ignoraient peut-être, une pleine conscience de leur force et une connaissance de leur « MOI » que beaucoup sans doute n'avaient jamais soupçonnées. Par là, nous pouvons dire en toute vérité que nous aurons élargi considérablement leur personnalité et accru leur sphère d'action et leur zone d'influence.

Ceux qui portent aux études magnétiques un intérêt spécial, se trouvent en présence d'une véritable montagne de littérature dont l'aride ascension ne les séduit guère. Ils savent d'ailleurs que si des grains de vérité ont germé çà et là, ils sont étouffés par les mauvaises herbes. Ce qui caractérise cette littérature, c'est le verbiage. On ne saurait y trouver que des mots gonflés d'ignorance, de présomption et même parfois de cynisme. Gardez-vous de ce fatras; n'ensevelissez pos votre intelligence sous ces décombres. Restez à la clarté et à la lumière: vivez dans le grand air des sciences honnêtes et vraies. La vie est courte, l'esprit est borné; sachons faire bon usage de l'une et bien diriger l'autre.

A nos lecteurs, nous ne saurions trop recommander les lectures pratiques et les ouvrages honnêtes. Qu'ils suivent nos préceptes et le succès viendra de

---

(1) Ce livre n'étant qu'une introduction au problème de la culture psychique, recourir pour une étude complète de la question à l'œuvre de M. Henri Durville. Le *Cours de Magnétisme personnel* correspond à la première étape du développement personnel. *Vers la sagesse. La Science secrète. Les Mystères initiatiques* ouvrent la voie qui mène à des buts plus élevés, à des réalisa ions plus complètes (Henri Durville, imprimeur-éditeur).

lui-même. Ils prendront peu à peu conscience de cette force qui fait qu'un homme qui la possède prend sur les autres un ascendant marqué et leur « MOI », dont ils n'avaient peut-être pas soupçonné jusque-là l'existence, se développera chaque jour en intensité et en force.

Leur existence aura pris plus de relief, leur individualité plus d'éclat, leur conscience plus de rayonnement. Dans la multitude des hommes qui marchent sans direction et sans but, ils apparaîtront comme des êtres supérieurs, comme des conducteurs naturels. Ils laisseront derrière eux un sillon de lumière et c'est d'instinct qu'ils seront suivis par tous ceux qui aspirent à une humanité supérieure.

Elevez-vous donc au rôle que nous vous avons tracé, élevez-vous-y par les moyens que nous vous avons indiqués, mais gardez-vous de toute précipitation et de toute violence. La précipitation n'est point la vitesse, la violence n'est pas l'énergie, le bruit n'est pas le courage, le geste n'est pas l'acte. L'homme fort est l'homme tranquille, réfléchi, persévérant, tenace. L'effort est le grand facteur du succès.

Le sentiment de sa propre dignité en est un autre; les hommes qui se couchent à plat ventre sont ceux que le destin écrase. Gardez-vous, lecteur, de ce malheur. Ne descendez jamais à l'extrême humilité. L'extrême humilité conduit à la bassesse; elle en est déjà le commencement. Ne péchez pas par excès d'orgueil; gardez-vous de toute arrogance, mais ne vous laissez pas piétiner. « Raise your head and face the skies. » Dressez la tête, regardez le ciel et dites-vous « Je suis une unité de cet immense TOUT, je suis un rayon dans cette vaste lumière, je suis une pensée dans cette universelle harmonie. »

Allez votre chemin, ami; soyez fort, soyez ferme, soyez invincible. Ne fuyez point le devoir, remplissez-le tout entier. Faites-le d'abord envers vous-même, puis faites-le envers les autres. N'oubliez pas que tous les hommes sont frères et que chacun est lié à tous. Au plus faible donnez la main, au souffrant votre appui, au désespéré votre consolation, au révolté votre tendresse, au déchu votre pitié.

N'abusez de personne, mais ne souffrez pas qu'on abuse de vous. Ne dites pas comme l'Evangéliste: « Si l'on me frappe sur la joue droite, je tendrai la gauche. » Ripostez au contraire et vigoureusement. La vie est ainsi faite que ceux qui ne veulent point se défendre sont impitoyablement écrasés. Il faut être prêt pour toutes les agressions; il faut être armé pour tous les assauts. Ce n'est pas être méchant soi-même que de combattre les méchants; c'est avoir le juste sentiment de ses droits et le juste souci de ses intérêts. La doctrine évangéliste peut être, au point de vue purement moral, d'une grande beauté, mais au point de vue social, au point de vue humain, elle est mauvaise. Elle aboutit à la résignation et souvent de la résignation elle conduit à la servitude. Dans toutes les situations et dans toutes les circonstances, les droits de l'individu sont mal défendus s'il ne prend la peine de les surveiller lui-même. Ce n'est pas seulement affaire d'intérêt, c'est aussi affaire de dignité.

Mais le sentiment qu'on a de ses droits et la résolution où l'on est de les faire respecter, ne comportent pas la haine. La haine est mauvaise. Elle dégrade l'homme, elle le rabaisse au niveau de la bête, elle en fait un être de violence et de cruauté. N'en éprouvez jamais pour personne; qu'aucune de vos pensées n'en procède, qu'aucun de vos actes ne s'en inspire. Allez, comme le dit le proverbe, allez par le monde « la grâce de Dieu dans le cœur et un bon gourdin à la main. » De ce gourdin n'abusez pas; n'en faites pas une arme offensive, mais faites-en résolument une arme défensive. Si l'on vous attaque, servez-vous en et ne craignez pas, quand il en est besoin, de le manier avec vigueur. Si humiliante que puisse être la comparaison, il faut bien dire que les hommes dans leurs rapports entre eux sont un peu comme les chiens. Ce sont ceux qui ont, ou qui affectent le plus de confiance, qui sont le moins exposés. Qu'un chien aille hardiment son chemin, nul ne lui dira ni ne lui fera rien; qu'il ait, au contraire, l'air craintif et qu'il passe la tête basse et la queue entre les jambes, les coups de pied pleuveront sur lui de tous côtés.

Gardons-nous des passants, évitons les coups de pieds, assurons-nous la route. C'est le seul moyen d'arriver au but et d'y arriver rapidement.

Ne faisons de tort à personne; rendons à chacun ce qui lui est dû, mais ne souffrons point qu'on nous fasse le moindre tort ni qu'on nous manque de justice. Si chacun suivait ces préceptes, la société serait autrement meilleure. Il ne serait besoin ni de gendarmes, ni de juges, ni de prisons. Le monde marcherait de lui-même vers la justice et vers la fraternité.

Gardez-vous bien aussi de vous tromper sur l'usage de la nouvelle puissance que vous avez découverte en vous. Si vous deviez en faire un mauvais emploi, il eût été préférable de vous la laisser ignorer. Nous ne l'avons mise entre vos mains qu'à la condition que vous en fassiez un bon emploi et que vous l'affectiez à un noble but.

S'il vous arrive de ne pas saisir d'un seul coup tout l'enseignement que contient ce livre, ne vous laissez pas décourager. Relisez-le attentivement. Arrêtez-vous avec soin aux chapitres difficiles et méditez-les jusqu'à ce que vous les ayez parfaitement compris. Ce résultat vous sera grandement facilité si vous savez réfléchir, c'est-à-dire appliquer à vous-même les principes que nous vous avons donnés à propos de la concentration.

Et maintenant, lecteur, il nous faut vous quitter. Nous ne le faisons pas sans regret. Nous nous étions habitué à votre voisinage, nous aimions votre compagnie. Du moins, espérons-nous que ce petit voyage à travers l'une des sciences les plus passionnantes qui soient ne vous aura pas été inutile. Vous savez à présent où est la vérité, où est le bonheur. Marchez-y tout droit. Nous serons heureux de vous retrouver au but.

TABLE DES MATIERES

Fondation Henri Durville

64, Rue Charles Laffitte, NEUILLY sur Seine

LA MÉDECINE PSYCHO.NATURISTE

La maladie est la conséquence de fautes commises envers les Lois de Vie saine. Le Naturisme et la Rééducation psychique et émotionnelle font merveille là où toutes les autres thérapeutiques ont échoué, précisément parce qu'ils se donnent pour but de ramener le malade à des conditions d'existences normales.

Toutes les maladies se trouvent bien du Naturisme, mais particulièrement les cas suivants:

Les *maladies aiguës, infectieuses, microbiennes*, telles que la *grippe,* la *fièvre typhoïde*, les *bronchites*, la *pneumonie*, la *tuberculose* au début, l'*anémie*, les affections de l'*estomac* et de l'*intestin*, du *foie*, du *cœur*, les *amaigris* et les *obèses* (par deux méthodes diamétralement opposées), les *arthritiques*, les *rhumatisants*, les *goutteux*, les *intoxiqués* et *auto-intoxiqués*, les *malades du système nerveux*.

La FONDATION HENRI DURVILLE se préoccupe à juste titre de la partie mentale et émotionnelle. Il y a, dans ces deux domaines, des troubles graves, des désarrois profonds pour lesquels la médecine ordinaire se déclare incompétente. Pourtant que de belles cures peuvent être accomplies par une Rééducation psychique, sérieusement comprise! *Suggestion en rafale, suggestion imposée, suggestion raisonnée, suggestion indirecte, suggestion émotionnelle* sont autant de leviers pour vaincre les plus lourdes difficultés. Et, de fait, les MÉTHODES HENRI DURVILLE s'adressent efficacement à tous les *troubles psychiques*, aux *maladies de la volonté,* aux *écarts de l'émotivité*, aux *états d'âme et de conscience pathologiques,* aux *peines de cœur:*

Faiblesse d'attention, de mémoire, de jugement. Timidité, trac, bégaiement. Asthénie, neurasthénie, aboulie, intoxications et auto-intoxications. Impulsions, instabilité de caractère, exaltation. Remords, scrupule, doute, dédoublement de la personnalité, visions, hallucinations.

CONSULTATIONS MÉDICALES

La FONDATION HENRI DURVILLE *est située à Neuilly sur Seine, 64, rue Charles Laffitte, à proximité de la Porte Maillot. Consultations médicales tous les jours de 2 à 6 heures, sauf dimanche et fêtes. Traitements physiothérapiques: massage, lumière, air chaud, gymnastique, magnétisme humain. Rééducation psychique et émotionnelle.*

Moyens de communication. — Ils sont nombreux et très rapides. Trajets directs des principaux points de Paris: Tram 41: Madeleine à la Garenne desservant St-Augustin, St-Philippe du Roule et l'Etoile. — Tram 43: Gare Montparnasse à Courbevoie, desservant: Ecole militaire, Place de l'Alma, Etoile. — Autobus C bis: Bastille à Neuilly par Hôtel de Ville, Châtelet, Louvre, Palais-Royal, Concorde, Champs-Elysées, Etoile. Autobus C: Hôtel de Ville à Neuilly (mêmes arrêts). Pour toutes ces lignes de tramways et d'autobus descendre à Neuilly, arrêt de la rue Saint Pierre, à une centaine de mètres de la Fondation.*

En dehors des véhicules ci-dessus, on peut emprunter toute ligne allant à la Porte Maillot (Porte de Neuilly).

(*Téléphone de la Fondation:* Neuilly 13-04)

Henri DURVILLE

Voici la Lumière

30ᵉ mille

Voici la Lumière apporte à tous ceux qui souffrent, pleurent et désespèrent un message de bonheur. A tous ceux qui sont las de lutter, ce livre montre à quelles Forces mystérieuses — en eux et autour d'eux — ils peuvent et doivent faire appel pour sortir de la tourmente.

Se basant sur son expérience personnelle, déjà longue, M. Henri Durville ne craint pas d'affirmer qu'il n'est point de douleur que l'on ne puisse calmer, de doute qui ne se dissipe, de tourment du cœur si grave soit-il, de désarroi de l'esprit quelle qu'en soit la pesanteur auquel on ne puisse porter remède.

Pauvre petite âme qui souffre, isolée dans la nuit, reprends courage. Une main fraternelle se tend vers toi. Accepte-là. Elle a la force nécessaire pour t'arracher à la fureur du gouffre.

Un grand calme va descendre sur toi. L'ombre qui t'entoure et te pénètre va se dissiper.

Voici la Lumière te fera entrevoir un Monde nouveau. Il te fera connaître ces Forces mystérieuses grâce auxquelles les plus grands chagrins, les plus profonds désespoirs retrouvent le Calme et la joyeuse Clarté.

Voici la Lumière est un livre qui est un gage de salut pour tous ceux qui souffrent. Et quel est celui qui ne souffre point ? Une splendeur rayonnante s'élève de cet ouvrage écrit par un psychologue qui a l'expérience de toutes les peines, qui a écouté bien des confidences, qui s'est penché sur les âmes les plus endeuillées, qui a sondé toutes les plaies pour les fermer et qui nous apporte le fruit de son long travail: le Charme de la vie dans la Sérénité de l'Esprit et la Paix du Cœur.

Ames qui pleurez, lisez ce livre. Une douceur infinie se répandra sur vous. Toutes les ombres qui vous obscurcissent, tous les doutes qui vous assaillent vont se dissiper. Ayez foi dans ce guide. Il vous apporte la belle Lumière.

C'est l'aurore d'une vie nouvelle qui se lève. Bientôt vous goûterez l'entier bonheur dans la réalisation parfaite de vos plus secrets désirs.

A. L.

Prix: 12 francs

(port, France: 0 fr. 65, étranger: 1 fr. 80)

recommandation en sus

Henri DURVILLE, imprimeur-éditeur

23, rue Saint Merri, Paris 4ᵉ.

R. C. Seine 111.328

LA TRANSFUSION VITALE

Prix: 3 fr. 75

(port, France: 0 fr. 25, étranger: 0 fr. 60)
recommandation en sus

Lorsque le médecin déclare que tout espoir est perdu, on peut encore sauver le malade. Le Magnétisme permet de faire le miracle et M. Henri Durville nous en apporte un éloquent témoignage. On trouvera dans ces pages émouvantes — extraites de *La Science secrète* — la relation de deux cures extraordinaires (broncho-pneumonie et septicémie puerpérale). Ces deux cas étaient jugés inguérissables par de hautes sommités médicales. Et pourtant, grâce au Magnétisme, la mort n'a pas fait son œuvre. On verra à cette lecture que toute personne animée de sentiments altruistes peut, par une véritable transfusion vitale, ramener à la vie l'être cher qui agonise.

====

Henri DURVILLE

LE REGARD MAGNÉTIQUE

Prix: 3 fr. 75

(port, France: 0 fr. 25, étranger: 0 fr. 60)
recommandation en sus

Les yeux sont révélateurs de toute la vie psychique. Ils sont pour qui sait une source de force et un moyen d'action. Il est des regards durs comme l'acier qui semblent pénétrer dans l'âme, y chercher, avec une brutalité chirurgicale, ce qu'il conviendrait de cacher, qui cherchent à imposer à des regards plus doux et plus faibles une volonté despotique. Il est des yeux doux et caressants qui semblent livrés sans défense à cette volonté dominatrice. Posséder un regard magnétique, puissant mais doux, est une nécessité dans la vie. Ce regard résulte d'une éducation dont M. Henri Durville nous livre le secret dans cette intéressante étude qui forme un des chapitres de la 6e édition du *Cours de Magnétisme personnel*.

————

Henri DURVILLE, imprimeur-éditeur
23, rue Saint Merri, Paris, 4e.

9 782329 033686